국가직무능력표준
(NCS, national competency standards)

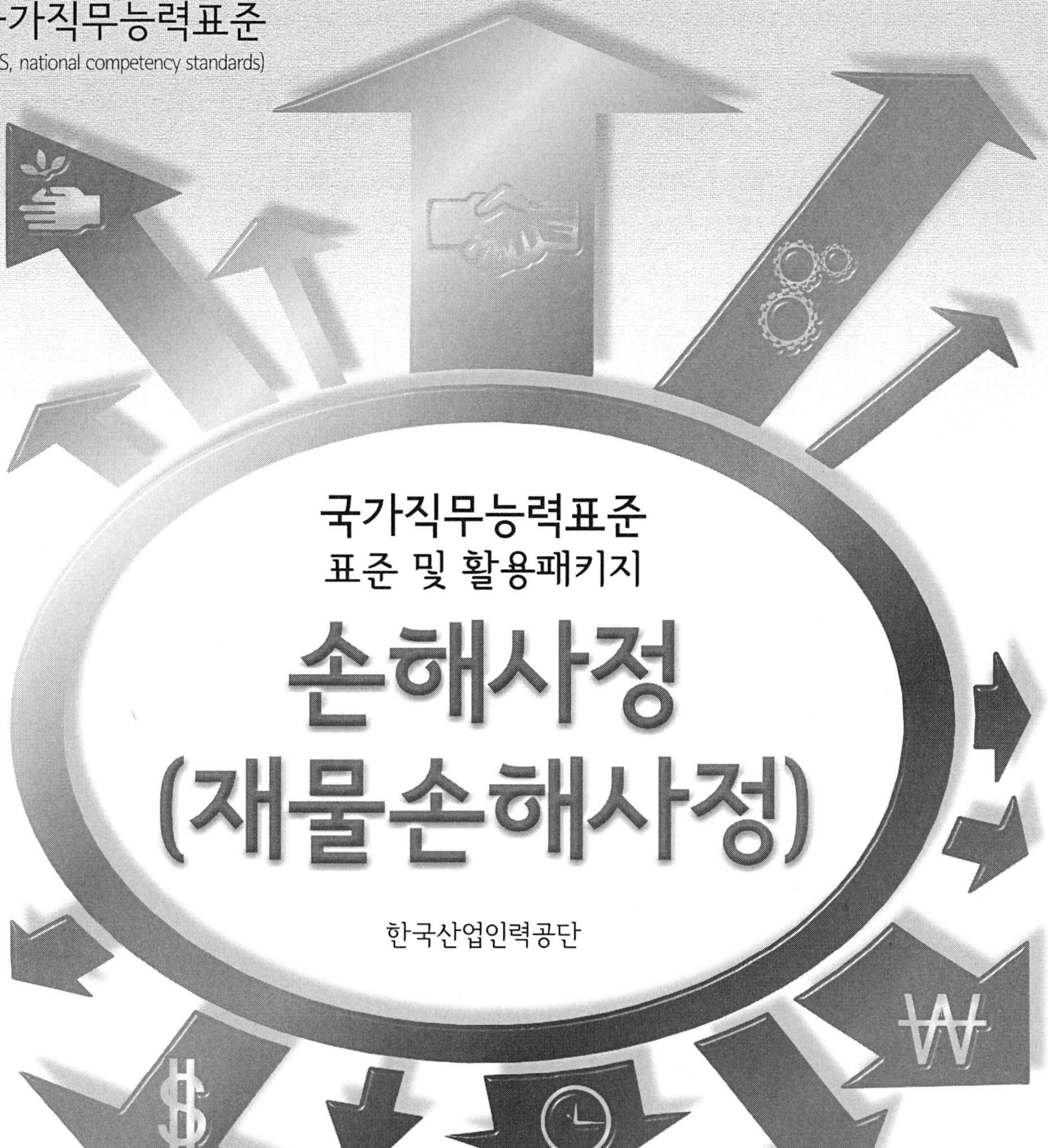

국가직무능력표준
표준 및 활용패키지
손해사정
(재물손해사정)

한국산업인력공단

국가직무능력표준
표준 및 활용패키지 **손해사정(재물손해사정)**

초판 인쇄 2015년 05월 27일
초판 발행 2015년 05월 29일
저자 한국산업인력공단
발행처 진한엠앤비
주소 서울시 서대문구 독립문로 14길 66 210호
(냉천동 260, 동부센트레빌아파트상가동)
전화 02) 364 - 8491(대) / 팩스 02) 319 - 3537
홈페이지주소 http://www.jinhanbook.co.kr
등록번호 제313-2010-21호 (등록일자 : 1993년 05월 25일)
ⓒ2015 jinhan M&B INC, Printed in Korea

ISBN 979-11-7009-346-6 (93550) [값 : 21,000원]

☞ 이 책에 담긴 내용의 무단 전재 및 복제 행위를 금합니다.
☞ 잘못 만들어진 책자는 구입처에서 교환해드립니다.
☞ 본 도서는「공공데이터 제공 및 이용 활성화에 관한 법률」을 근거로 출판되었습니다.

C.o.n.t.e.n.t.s

I. 국가직무능력표준 개요

1. 국가직무능력표준 개념 ··· 03
2. 사업수행 법적근거 ··· 03
3. 국가직무능력표준 구성 ··· 04
4. 국가직무능력표준 수준체계 ··· 05
5. 국가직무능력표준 분류체계 ··· 06

II. 환경분석

1. 노동시장분석 ·· 09
2. 교육훈련 현황 분석 ·· 12
3. 자격 현황 분석 ·· 17
4. 해외사례 분석 ·· 19

III. 표준 및 활용패키지

직무명 : 재물손해사정

1. 직무 개요 ·· 35
   1) 직무 정의 ··· 35
   2) 능력단위 ·· 35
   3) 능력단위별 능력단위요소 ··· 36
2. 능력단위별 세부내용 ·· 37

Contents

3. 관련자격 개선의견 …………………………………………………… 102
4. 활용패키지 ……………………………………………………………… 105
   1) 평생경력개발 경로 ………………………………………………… 107
     ① 평생경력개발경로 모형 ……………………………………… 108
     ② 직무기술서 ……………………………………………………… 111
     ③ 채용·배치·승진 체크리스트 ………………………………… 132
     ④ 자가진단도구 …………………………………………………… 146
   2) 훈련기준 …………………………………………………………… 157
   3) 출제기준 …………………………………………………………… 184

Ⅳ 부 록

1. 손해사정 분야 산업현장 검증 ……………………………………… 205
2. 손해사정 표준 개발 참여 전문가 명단 …………………………… 208

CHAPTER I

국가직무능력표준 개요

1 국가직무능력표준 개념

○ 국가직무능력표준(NCS, national competency standards[1])은 산업현장에서 직무를 수행하기 위해 요구되는 지식·기술·소양 등의 내용을 국가가 산업부문별·수준별로 체계화한 것으로, 국가적 차원에서 표준화한 것을 의미

[그림1] 국가직무능력표준 개념도

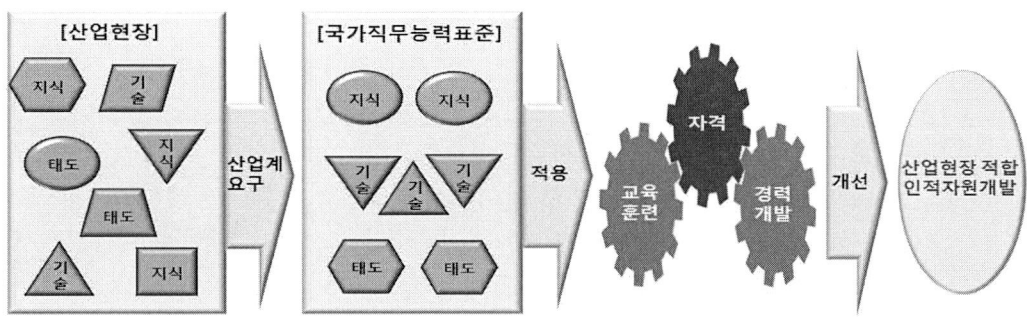

2 사업수행 법적근거

「자격기본법」 규정

(제2조제2호) "국가직무능력표준"이란 산업현장에서 직무를 수행하기 위하여 요구되는 지식·기술·소양 등의 내용을 국가가 산업부문별·수준별로 체계화한 것을 말한다.

---

[1] 표준국어대사전('12년, 국립국어원)
① 직무능력
 - 직무(職務) : 직책이나 직업상에서 책임을 지고 담당하여 맡은 사무. '맡은 일'로 순화.
 - 능력(能力) : 일을 감당해 낼 수 있는 힘.
② 표준
 - 표준(標準) : 사물의 정도나 성격 따위를 알기 위한 근거나 기준.

3 국가직무능력표준 구성

○ 직무는 국가직무능력표준 분류체계의 세분류를 의미하고, 원칙상 세분류 단위에서 표준이 개발
○ 능력단위는 국가직무능력표준 분류체계상 세분류의 하위단위로서 국가직무능력표준의 기본 구성요소에 해당

[그림2] 국가직무능력표준 구성

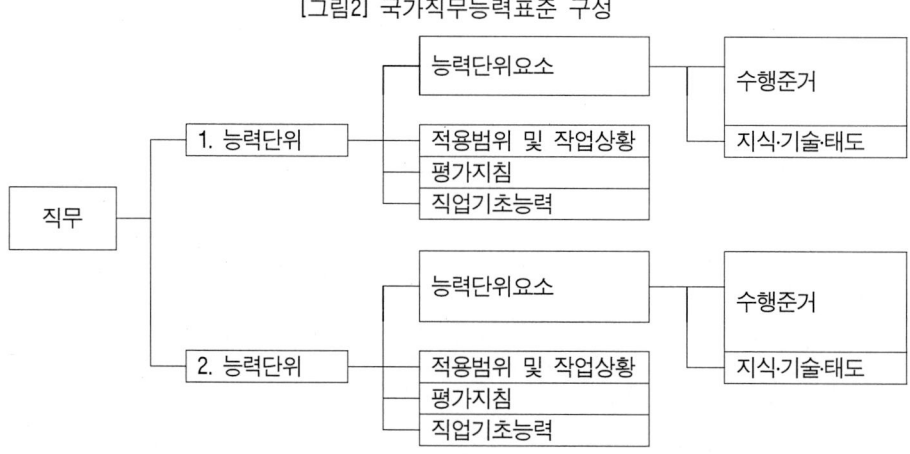

※ 능력단위는 능력단위분류번호, 능력단위정의, 능력단위요소(수행준거, 지식·기술·태도), 적용범위 및 작업상황, 평가지침, 직업기초능력으로 구성

구 성 항 목	내 용
① 능력단위분류번호 (competency unit code)	·능력단위를 구분하기 위하여 부여되는 일련번호로서 12자리로 표현
② 능력단위명칭 (competency unit title)	·능력단위의 명칭을 기입한 것
③ 능력단위정의 (competency unit description)	·능력단위의 목적, 업무수행 및 활용범위를 개략적으로 기술
④ 능력단위요소 (competency unit element)	·능력단위를 구성하는 중요한 핵심 하위능력을 기술
⑤ 수행준거 (performance criteria)	·능력단위요소별로 성취여부를 판단하기 위하여 개인이 도달해야 하는 수행의 기준을 제시
⑥ 지식·기술·태도(KSA)	·능력단위요소를 수행하는 데 필요한 지식·기술·태도
⑦ 적용범위 및 작업상황 (range of variable)	·능력단위를 수행하는데 있어 관련되는 범위와 물리적 혹은 환경적 조건 ·능력단위를 수행하는 데 있어 관련되는 자료, 서류, 장비, 도구, 재료
⑧ 평가지침 (guide of assessment)	·능력단위의 성취여부를 평가하는 방법과 평가시 고려되어야 할 사항
⑨ 직업기초능력 (key competency)	·능력단위별로 업무 수행을 위해 기본적으로 갖추어야할 직업능력

4 국가직무능력표준 수준체계

수준	직무수준 정의
8수준	- 해당분야에 대한 최고도의 이론 및 지식을 활용하여 새로운 이론을 창조할 수 있고, 최고도의 숙련으로 광범위한 기술적 작업을 수행할 수 있으며 조직 및 업무 전반에 대한 권한과 책임이 부여된 수준
	(지식기술) - 해당분야에 대한 최고도의 이론 및 지식을 활용하여 새로운 이론을 창조할 수 있는 수준 - 최고도의 숙련으로 광범위한 기술적 작업을 수행할 수 있는 수준
	(역량) - 조직 및 업무 전반에 대한 권한과 책임이 부여된 수준
	(경력) - 수준7에서 2-4년 정도의 계속 업무 후 도달 가능한 수준
7수준	- 해당분야의 전문화된 이론 및 지식을 활용하여, 고도의 숙련으로 광범위한 작업을 수행할 수 있으며 타인의 결과에 대하여 의무와 책임이 필요한 수준
	(지식기술) - 해당분야의 전문화된 이론 및 지식을 활용할 수 있으며, 근접분야의 이론 및 지식을 사용할 수 있는 수준 - 고도의 숙련으로 광범위한 작업을 수행하는 수준
	(역량) - 타인의 결과에 대하여 의무와 책임이 필요한 수준
	(경력) - 수준6에서 2-4년 정도의 계속 업무 후 도달 가능한 수준
6수준	- 독립적인 권한 내에서 해당분야의 이론 및 지식을 자유롭게 활용하고, 일반적인 숙련으로 다양한 과업을 수행하고, 타인에게 해당분야의 지식 및 노하우를 전달할 수 있는 수준
	(지식기술) - 해당분야의 이론 및 지식을 자유롭게 활용할 수 있는 수준 - 일반적인 숙련으로 다양한 과업을 수행할 수 있는 수준
	(역량) - 타인에게 해당분야의 지식 및 노하우를 전달할 수 있는 수준 - 독립적인 권한 내에서 과업을 수행할 수 있는 수준
	(경력) - 수준5에서 1-3년 정도의 계속 업무 후 도달 가능한 수준
5수준	- 포괄적인 권한 내에서 해당분야의 이론 및 지식을 사용하여 매우 복잡하고 비일상적인 과업을 수행하고, 타인에게 해당분야의 지식을 전달할 수 있는 수준
	(지식기술) - 해당분야의 이론 및 지식을 사용할 수 있는 수준 - 매우 복잡하고 비일상적인 과업을 수행할 수 있는 수준
	(역량) - 타인에게 해당분야의 지식을 전달할 수 있는 수준 - 포괄적인 권한 내에서 과업을 수행할 수 있는 수준
	(경력) - 수준4에서 1-3년 정도의 계속 업무 후 도달 가능한 수준

수준	직무수준 정의
4수준	- 일반적인 권한 내에서 해당분야의 이론 및 지식을 제한적으로 사용하여 복잡하고 다양한 과업을 수행하는 수준
	(지식기술) - 해당분야의 이론 및 지식을 제한적으로 사용할 수 있는 수준 - 복잡하고 다양한 과업을 수행할 수 있는 수준
	(역량) - 일반적인 권한 내에서 과업을 수행할 수 있는 수준
	(경력) - 수준3에서 1-4년 정도의 계속 업무 후 도달 가능한 수준
3수준	- 제한된 권한 내에서 해당분야의 기초이론 및 일반지식을 사용하여 다소 복잡한 과업을 수행하는 수준
	(지식기술) - 해당분야의 기초이론 및 일반지식을 사용할 수 있는 수준 - 다소 복잡한 과업을 수행하는 수준
	(역량) - 제한된 권한 내에서 과업을 수행하는 수준
	(경력) - 수준2에서 1-3년 정도의 계속 업무 후 도달 가능한 수준
2수준	- 일반적인 지시 및 감독 하에 해당분야의 일반 지식을 사용하여 절차화되고 일상적인 과업을 수행하는 수준
	(지식기술) - 해당분야의 일반 지식을 사용할 수 있는 수준 - 절차화되고 일상적인 과업을 수행하는 수준
	(역량) - 일반적인 지시 및 감독 하에 과업을 수행하는 수준
	(경력) - 수준1에서 6-12개월 정도의 계속 업무 후 도달 가능한 수준
1수준	- 구체적인 지시 및 철저한 감독 하에 문자이해, 계산능력 등 기초적인 일반지식을 사용하여 단순하고 반복적인 과업을 수행하는 수준
	(지식기술) - 문자이해, 계산능력 등 기초적인 일반 지식을 사용할 수 있는 수준 - 단순하고 반복적인 과업을 수행하는 수준
	(역량) - 구체적인 지시 및 철저한 감독 하에 과업을 수행하는 수준

5 국가직무능력표준 분류체계

대분류	중분류	소분류	세분류
03. 금융·보험	02. 보험	03. 손해사정	01. 재물손해사정 02. 차량손해사정 03. 신체손해사정

CHAPTER II

환경분석

1 노동시장분석

① 산업현장 직무능력수준

직능수준 \ 세분류	01.재물손해사정	02. 차량손해사정	03. 신체손해사정
8수준(부장)	총괄관리자	차량손해사정 실장	신체손해사정 총괄관리자
7수준(차장)	책임손해사정 전문가	손해산정 전문가	재보험 전문가
6수준(과장)	손해사정 전문가	민원처리전문가/ 피해물관리전문가/ 구상전문가	소송전문가/ 구상전문가
5수준(대리)	현장조사 담당	현장조사 담당	심사담당/ 민원담당
5수준(주임)	사고접수 담당	고객안내 담당	현장조사 담당
4수준(사원)		차량사고접수 담당	보험사고접수 담당

- 손해사정 분야의 직능수준에 따른 직급체계는 사원-주임-대리-과장-차장-부장으로 구분될 수 있다. 손해사정업무라는 공통 업무 속성을 가지고 있는 반면 재물, 차량, 신체라는 각각의 직무특성 또한 고려해야 하는 특징을 가지고 있다. 신체손해사정과 차량손해사정 직무의 경우 직능수준에 따라 낮은 수준에서 높은 수준의 업무로 단계적 경력개발을 해나갈 수 있으며, 재물손해사정 직무는 사전 직무 경험이 초기단계에는 요구가 된다. 본 분야는 5수준까지는 각 영역별 담당자로써 전문능력을 요구하는 경향을 가지고 있으며, 6수준 이상에서부터는 해당 분야의 전문가로써의 역할이 요구되는 특성을 보이고 있다.

② 사업체 및 종사자 수

소분류	세분류	관련업종	사업체수	종사자수
03.손해사정	01. 재물손해사정 02. 차량손해사정 03. 신체손해사정	보험업	7,789	261,063
		재 보험업	6	347
		연금 및 공제업	466	11,033
		보험 및 연금관련 서비스업	6,648	93,397
합 계			14,909	365,840

자료: 통계청 경제총조사 산업세세분류별 총괄(2012년 9월 기준)

- 보험분야는 손해사정 영역의 세분류에 따른 관련 업종의 현황 조사는 이루어지지 않고 있어 구체적인 정보를 파악하는데 어려움이 있다. 이에 통계청에서 조사된 산업세세분류별 총괄자료를 토대로 보험분야 관련 사업을 보험업, 재 보험업, 연금 및 공제업, 보험 및 연금관련 서비스업으로 구분할 수 있으며, 총 사업체 수는 14,909개, 총 종사자 수는 365,840명으로 집계되고 있다.

③ 인력배출 현황

중분류	소분류	학과	교육훈련기관	'11년(명) 입학	'11년(명) 졸업	'12년(명) 입학	'12년(명) 졸업	'13년(명) 입학	'13년(명) 졸업
02. 보험	03. 손해사정	금융·회계·세무학	대학원	870	696	839	657	886	696
			대학	3,595	4,189	4,047	4,584	4,025	4,288
			전문대학	5,721	4,554	5,411	4,589	5,732	4,682
			사이버대학	945	466	512	530	232	554
합 계				11,131	9,905	10,809	10,360	10,875	10,220

자료: 교육통계서비스 교육통계연보

- 교육통계연보의 계열별 학생수 현황 자료에 의하면, 보험분야와 관련된 학과를 사회계열의 금융·회계·세무학으로 분류조사하고 있다.
- 최근 3년간 추이를 살펴보면 2011년 대비 2013년도에는 관련 학과의 전체 입학생 수는 소폭 감소하였으나, 졸업생 수는 반대로 소폭 증가하였다.
- 교육훈련기관별 주요 특징으로는 사이버 대학의 경우 입학생 수가 전년도 대비 50% 가까이 줄어들면서 큰 폭의 감소세를 지속적으로 보이고 있으며, 전문대학의 경우 졸업생 수가 3년간 꾸준히 증가세를 보이고 있다.

4 직업정보

세 분 류		01. 재물손해사정	02. 차량손해사정	03. 신체손해사정
직 업 명		손해사정사		
종 사 자 수		6.1천명		
종사현황	연 령	평균 35.6세		
	임 금	월 평균 444.1만원		
	학 력	평균 15.5년		
	성 비 근속년수	남성 90.7% 여성 9.3% 평균 7년		
관 련 자 격		손해사정사 무역관리사 무역영어 자격 경영법무관리사 재경관리사	도로교통사고 감정사	(신체)손해사정사무원

자료: 워크넷 잡맵(Jop Map)

- 잡맵(Job Map)은 통계청에서 실시한 지역별고용조사 결과를 바탕으로 재구성된 자료로서 228개 산업과 426개 직업별 소득, 종사자수, 여성비율 근속년수 등 노동시장 정보를 파악할 수 있다. 이를 토대로 재물손해사정, 차량손해사정, 신체손해사정과 관련된 직업을 매칭해 본 결과, 손해사정사를 들 수 있다.

- 손해사정사는 각종 보험사고시 보상심사사무원이 조사한 보상청구에 대해 면밀히 심사하고, 사고원인을 조사하여 적정한 보험금을 산출하며 지급을 허가하는 자를 말한다. 손해사정사의 종사자 수는 6.1천명이고, 평균 연령은 35.6세로 나타났다. 월 평균 임금은 444.1만원, 평균 학력은 15.5년이며 남성 비율이 90.7%, 여성 비율이 9.3%로서 여성 인력 수급이 부족한 편이다. 평균 근속년수는 7년으로 나타났으며 관련 자격으로는 손해사정사, 무역관리사, 무역영어, 경영법무관리사, 재경관리사, 도로교통사고감정사, (신체)손해사정사무원이 있다.

2 교육훈련 현황 분석

1 교육훈련기관 현황

중분류	소분류	학과	교육훈련기관		
			구 분	계	교육훈련기관
02. 보험	03. 손해사정	금융보험전공	대학원	20	경희대학원, 국민대학원, 대구대학원, 동의대학원, 목원대학원, 목포대학원, 성균관대학원, 세종대학원, 순천향대학원, 연세대학원, 인제대학원, 인천대학원, 전북대학원, 전주대학원, 창원대학원, 한국외대학원, 한국항공대학원, 한국해양대학원, 한양대학원, 홍익대학원(조치원)
			대학	14	경남대학교, 대구대학교, 동서대학교, 동의대학교, 목원대학교, 목포대학교, 상명대학교(천안), 서원대학교, 순천향 대학교, 숭실대학교, 전주대학교, 창원대학교, 협성대학교, 홍익대학교(조치원)
			전문대학	6	두원공과대학, 대전보건대학, 대구보건대학, 동부산대학, 주성대학, 송원대학
			사이버대학	5	경희사이버대학, 서울디지털대학, 서울사이버대학, 세종사이버대학, 열린사이버대학
		위험관리전공	대학원	2	서강대학원, 수원대학원

- 금융보험전공 또는 관련 학과가 개설되어 있는 교육훈련기관은 경희대학원을 비롯한 20개 대학원, 경남대학교 등 14개 대학, 6개 전문대학, 5개 사이버대학이 있다.
- 금융보험 관련 전공이나 학과로는 증권보험전공, 금융보험학, 금융정보학, 금융보험·재무학과, 정보통계·보험수리학과 등이 있다.
- 또한 서강대학원, 수원대학원 2개의 대학원에서는 위험관리전공(보험 및 리스크관리전공)이 개설되어 있는데, 이는 보험산업에서 위험 및 자본 관리가 날로 중요해지고 있음을 보여주고 있다.

② 관련학과 교과과정

중분류	소분류	교육훈련과정			
		구 분	과목	내용	비율
02. 보험	03. 손해사정	대학원	수리통계1	확률변수의 특성과 여러 확률분포를 다룬다. 분포의 특성과 분포간의 관계를 살펴본다. 또한, 확률표본과 통계량의 분포도 다룬다.	10
		대학원	수리통계2	통계적 의사결정에 필요한 추정과 가설 검정 이론을 공부한다. 점추정과 구간추정 그리고 우도비검정, 적합도 검정 등을 다룬다. 일반 이론인 모수적 방법 이외에도 비모수적 추정법과 검정법도 다룬다.	10
		대학원	손해보험수학	보험에서 사용되는 Empirical한 모델들을 만들기 위해 Kaplan-Meier, Nelson-Aalen, Kernel density estimators 와 Cox proportional hazards model 등을 이용하여 미래의 사고발생시점과 손해분포를 추정하고 신뢰구간 등을 구한다.	10
		대학원	보험수학1	생존분포와 생명표, 종신연금, 순보험료, 그리고 순보험료 준비금 계산등을 공부한다.	10
		대학원	보험수학2	보험수학 I의 연장과목이다. 연생보험, 다중탈퇴모형, 다중상태모형, 비용을 고려한 보험 모형, 그리고 이익과 배당 등을 학습한다.	10
		대학원	퇴직연금수학	퇴직연금설계의 가정, 기본적인 보험계리함수, 개인연금에 적용된 인구이론, 비용에 대한 개념과 추가적인 부채에 대해 학습한다.	10
		대학원	수리금융학	파생상품의 가격결정과 헤지에 대해 공부한다. 특히, 블랙-숄즈 모형과 풋-콜 옵션과 할인채 및 이자율 파생상품의 합리적인 가치평가에 대한 내용을 공부한다.	10
		대학원	보험금융 재무관리	보험회사의 재무관리에 필요한 기본 이론들을 학습하고 실무에서 필요한 자질을 습득하는 것이 교과의 목표이다.	10
		대학원	보험금융 투자론	보험금융투자론은 보험회사의 자산운용 시에 필요한 기본 이론들을 학습하고 실무에서 필요한 자질을 습득하는 것이 교과의 목표이다. 채권, 주식, 파생상품 등의 가격결정 이론(CAPM, APT, OPT 등)과 리스크 관리를 위한 헷징, 포트폴리오 관리 등을 다룬다.	10

		대학원	계리모형론	계리전문가로서 계리적인 문제에 대한 모델링이 가능할 수 있도록 학습한다. 데이터를 이용한 손해모형의 모수추정과 검정 및 위험률의 추정 등을 다룬다. 또한, 지급준비금의 추정과 요율산정 등의 문제도 다룬다.	10
		대학원	응용통계학	회귀분석, 일반화 선형모형 및 시계열 분석을 보험데이터에 적용하고 모델링하는 과정을 학습한다.	10
		대학원	보험금융 경제학	미시경제학과 거시경제학의 주요 주제들을 학습하고 보험에 적용하여 보험료 결정과정 및 보험계약자의 효용 등을 학습한다.	10
		대학원	계리리스크 관리	이 교과는 시장위험관리, 이자율위험관리, 신용위험관리, 유동성위험관리 등 계리사가 다루어야 할 리스크관리에 대하여 학습한다. 계리업무와 관련한 리스크를 종합적이고 전사적으로 다루는 문제와 기법들을 소개한다.	10
		대학원	글로벌리스크관리보험	글로벌 차원에서의 금융 리스크에 대한 이해와 사례, 국가별 금융제도와 리스크 헷지를 위한 보험 등에 대하여 학습한다.	10
		대학원	이슬람보험과 재보험	이슬람 금융제도 중에서 이슬람보험(타카풀)과 재보험의 역할에 대해 전반적으로 학습한다.	10
		대학	보험학원론	이 과목은 위험과 보험의 기본적인 내용들을 소개한다. 보험의 본질, 보험의 효용, 보험의 역사, 생명보험, 손해보험, 재보험, 사회보험 등에 관한 내용을 학습한다.	10
		대학	보험과 위험관리	이 과목은 보험과 보험위험의 관리에 대하여 심도있게 다룬다. 대재해위험, 장수위험, 사망위험, 상해위험, 자동차손해위험, 배상책임위험 등 보험위험을 공부하고 이들의 위험관리 기법들을 학습한다.	10
		대학	위험관리	보험회사를 포함한 금융기관들이 직면하는 금융위험에 대하여 학습한다. 시장위험, 신용위험, 운영위험, 유동성위험 등을 공부하며 이런 위험들의 관리 기법들을 학습한다.	10
		대학	리스크와 보험	리스크에 대한 이해와 보험의 이론적 배경, 생명/손해/사회 및 정책성보험, 보험회사의 재무관리, 규제와 감독 등에 대한 내용을 학습한다.	10
		대학	거시경제학	국내총생산(GDP)과 원가의 관계 분석을 통한 국민 경제의 이해를 학습목표로 한다.	15

		대학	화폐금융론	주식, 채권, 외환시장의 구조와 가격 결정에 관한 내용을 학습한다.	15
		대학	계량경제학	통계학적인 방법을 이용하여 경제현상을 실증적으로 연구하는 방법에 대해 하습한다.	15
		대학	보험수리	보험료 산출과 관련된 통계적, 수학적 이론을 학습한다.	8
		대학	미시경제학	수요와 공급이론, 생산자와 소비자의 합리적인 선택, 시장이론과 효율성 등 개별경제주체와 개별경제 시장에 관한 내용을 학습한다.	15
		대학	생명보험론	생명보험의 역사, 보험수리 기초 및 이론, 상품론 등 생명보험 전반에 관한 내용을 학습한다.	8
		대학	손해보험론	재산을 소유, 관리하는데 있어서 우연한 사고의 발생으로 소유자나 관리자가 경제적 손해를 입게 될 경우 이것을 보상해 주는 보험제도에 관한 내용을 학습한다.	8
		대학	보험경영론	보험사업의 형태와 부문별 기능에 대한 이해를 촉진하고, 보험경영에 있어 위험 관리의 중요성과 방법론에 대해 학습한다.	8
		대학	보험회계	보험재무의 개요, 보험사의 가치평가, 회계, 재무제표, 보험사의 자산 및 부채 평가, 수익 및 비용의 인식, 결산, 보험과 세무회계 등에 관한 내용을 학습한다.	8
		대학	보험계약론	보험업 및 보험계약 관련 법에 대해 학습한다.	10
		대학	손해사정이론	보험 사고에 기인하여 발생한 보험 종목별 손해를 조사, 평가하고 공정한 손해사정을 위한 구체적인 지식과 실무적 기술에 대해 학습한다.	10
		대학	화재보험론	화재보험 개요, 화재원인 조사 및 분석기법, 손해사정 프로세스 등에 대한 내용을 학습한다.	10
		대학	자동차보험론	자동차와 교통사고 시 조치사항 및 교통사고로 인한 자동차보험의 일반적인 개념, 사고 시 보상처리방법, 자동차보험의 종류, 사고 시 과실비율 측정 등에 관해 학습한다.	10
		대학	배상책임론	손해배상책임론을 사회보험제도, 사회보장제도 등과 관련하여 학습한다.	10
		대학	제3보험론	생명보험과 손해보험의 특성을 가진 상해(accident), 질병(sickess), 간병(care)에 대한 이론과 실무를 학습한다.	10

	대학	자동차구조 관련 과목	자동차를 구성하는 차체와 섀시에 대한 이론적 내용과 차량의 작동원리 및 구조, 정비관련 내용을 이론과 실습을 통해 학습한다.	20
	대학	자동차사고 조사 관련 과목	자동차로 인한 사고 조사 및 사고 재현에 관한 과목으로 사고조사, 사고재현, 차량운동학 및 교통법규에 대한 내용을 학습한다.	10
	대학	자동차수리 복원 관련 과목	자동차사고 시 손상되는 부위에 대한 수리방법 및 기술에 관한 내용을 학습한다.	10
	대학	고객서비스 관련 과목	고객과의 대화 및 협상 방법등에 대해 학습한다.	10

※ 국내 보험관련 학과는 대학원 및 대학에 적용되고 있으며, 보험학과 및 금융보험학과라는 학과명이 다수 사용되고 있다. NCS의 소분류 체계인 보험상품개발, 보험영업계약, 손해사정과 같은 형태로 교과는 상세 구분되어 운영되고 있지는 않지만, 공통과정과 세부과정의 유형으로 구분될 수는 있다. 공통과정으로는 보험학원론, 생명보험론, 손해보험론, 보험수리, 보험경영론, 보험회계, 손해사정론 등이 대학에서 일반적으로 적용되어 커리큘럼에 편성되고 있으며, 대학원 과정에는 수리통계, 수리금융, 응용통계, 계리리스크관리 등 응용 지식을 학습할 수 있는 커리큘럼으로 편성되어 운영되고 있다. NCS의 직무분류체계를 근간으로 세분화, 상세화, 전문화로 커리큘럼이 발전될 필요가 있는 것으로 사료된다.

3 자격 현황 분석

1 국가기술자격 현황

중분류	소분류	등급	종목	취득자 수(명)			
				누계	'00년	'00년	'00년
02. 보험	03. 손해사정		해당사항 없음				

- 국가기술자격법에 의한 국가기술자격 512종목이 한국산업인력공단, 대한상공회의소, 한국원자력안전기술원, 영화진흥위원회, 한국방송통신전파진흥원, 한국광해관리공단, 한국콘텐츠진흥원 및 국방부 등에서 시행되고 있다. 그러나 국가기술자격 중 보험분야와 관련된 종목은 없다.

2 국가자격 현황

중분류	소분류	종목	등급	취득자 수(명)			
				누계	'11년	'12년	'13년
02. 보험	03.손해사정	손해사정사	제1종	99	38	30	31
			제2종	20	6	6	8
			제3종 대인	494	204	170	120
			제3종 대물	252	50	101	101
			제4종	481	130	150	201

※ 자료: 한국손해사정사회

- 한국산업인력공단의 자격검정통계서비스는 국가기술자격에 대한 통계현황은 제시하고 있으나, 개별부처의 필요에 의해 신설, 운영되고 있는 국가자격에 대한 통계현황은 제시하고 있지 않다.

- 한국손해사정사회에서는 손해사정업무 종사자 현황, 손해사정사 합격자 및 고용현황을 홈페이지에 공시하고 있다. 이를 토대로 최근 3년간 손해사정사 취득자 수의 추이를 살펴보면, 제1종과 제3종 대인의 경우 지속적 감소세를 보이고 있으며 제2종의 경우 보합세를 보이고 있다. 제3종 대물의 경우 2011년 대비 약 2배정도의 증가된 것으로 나타나고 있으며 제4종의 경우 지속적인 증가세를 나타내고 있다. 화재 및 해상분야와 같은 전통적인 보험 분야는 현재 필요인력이 어느 정도 채워진 상태이기 때문에 제 1종, 제2종 손해사정사는 크게 증가하지 않는 것으로 보여지며 제 4종 손해사정사는 상해, 질병, 간병의 판매영역이 꾸준히 확대됨에 따라 지속적으로 수요가 생기는 것으로 보여진다.

③ 공인민간자격 현황

중분류	소분류	종목(등급)	소관부처	취득자 수(명)			
				누계	'07년	'08년	'09년
02. 보험	03 손해사정	무역영어 (1급/2급/3급)	대한 상공 회의소	15,462	6,146	3,845	5,471
		재경관리사	삼일 회계법인	859	329	530	-
		종목(등급)	소관부처	누계	'09년	'10년	'11년
		도로교통사고 감정사	도로 교통공단	765	219	226	320

*자료: 민간자격 정보서비스

- 손해사정과 관련된 공인민간자격으로는 무역영어, 재경관리사, 도로교통사고감정사가 있다. 무역영어는 원어민과 의사소통에 어려움이 없을 정도의 듣기/읽기 구사능력 여부를 판단하는 자격으로 2009년도까지 총 취득자 수는 15,462명으로 집계되고 있다. 재경관리사는 회계의 종합적인 지식과 실무 수행능력을 검정하는 자격으로 2008년도까지 총 취득자 수는 859명으로 집계되고 있다. 도로교통사고감정사는 도로 상에서 발생하는 교통사고를 조사, 재현하여 과학적으로 분석하고 정확한 발생 원인을 규명할 수 있는 능력을 검정하는 자격으로 2011년도까지 총 취득자 수는 765명으로 집계되고 있다.

4 해외사례 분석

1 직무능력 구성

- 영국의 국가직업표준(NOS: National Occupational Standard)은 금융 및 보험영역에 속한 직업분류에 따라 요구되는 역량 단위를 제시하고 있다.
- NOS의 직업분류는 국가직무표준의 세분류 직무명 보다 포괄적이어서, 보험 분야 직무들이 크게 세분화되어 있지 않다. 보험 분야의 직업 및 해당 능력단위는 아래와 같이 정리되며, 은행 및 증권분야를 포함한 금융 직업군에 공통으로 적용되는 능력단위도 함께 제시하였다.

소 분 류	세 분 류 (직 무)	능 력 단 위
Financial & Insurance	General Insurance (일반보험)	Process straightforward new insurance claims notifications (간단한 신규 보험금청구 알림 처리하기)
		Settle straightforward insurance claims (간단한 보험금청구 처리하기)
		Deal with straightforward claims for insured losses (보험손실에 대한 간단한 보험금 처리하기)
		Deal with complex claims for uninsured losses (비보험 손실에 대한 복잡한 요구 처리하기)
		Process straightforward claims for uninsured losses (비보험 손실에 대한 간단한 요구 처리하기)
		Deal with complex claims for insured losses (보험손실에 대한 복잡한 보험금 처리하기)
		Carry out initial assessment and investigate complex insurance claims (복잡한 보험금 청구에 대해 사정하고 조사하기)
		Settle complex insurance claims (복잡한 보험금 청구 해결하기)
		Agree settlement of straightforward claims for uninsured losses (비보험손실에 대한 간단한 손해배상 문제해결에 동의하기)
		Evaluate insurance products and services (보험상품과 서비스 평가하기)
		Process straightforward insurance business as an intermediary (중개인으로서 간단한 보험업 처리하기)
		Process straightforward insurance renewals as an intermediary (중개인으로서 간단한 보험갱신 처리하기)
		Process straightforward mid-term insurance amendments (간단한 중기보험개정 처리하기)
		Process complex new insurance business as an intermediary (중개인으로서 복잡한 신규 보험업 처리하기)
		Process complex insurance renewals as an intermediary (중개인으로 복합한 보험갱신 처리하기)
		Underwrite straightforward new risks (간단한 새로운 위험 심사하기)

소분류	세분류 (직무)	능력단위
		Process insurance policy documentation (보험증서 문서화하기)
		Process straightforward insurance renewals (간단한 보험갱신 처리하기)
		Underwrite complex new risks (복잡한 새로운 위험 심사하기)
		Prepare insurance policy documentation for complex new business (복잡한 새로운 사업에 대해 보험정책 문서 준비하기)
		Process complex insurance policy alterations (복잡한 보험정책 변경사항 처리하기)
		Process complex insurance renewals (복잡한 보험갱신 처리하기)
		Review underwriting decisions to accept risks (위험 수용을 위한 계약심사결정 검토하기)
		Underwrite straightforward policy alterations (간단한 보험증서 변경사항 심사하기)

소분류	세분류 (직무)	능력단위
Financial & Insurance	Insurance Technicians/ Supervisors (보험전문가/ 관리자)	Manage your own performance, personal development and insurance industry awareness (자신의 수행과 성장을 관리하고 보험업계 이해하기)
		Contribute to evaluations of potential insurance work in line with organizational objectives (조직목표와 연계된 잠재적 보험업무 평가에 기여하기)
		Determine and report trends in insurance business and make recommendations for business development (보험업계 트렌드를 정하고 보고하며 사업개발을 위한 추천안 제시하기)
		Determine and evaluate clients' insurance requirements for a tailored policy (맞춤 보험 제공을 위해 고객들의 보험가입 요건을 정하고 평가하기)
		Prepare market presentations and solicit insurance quotations in line with organizational placing policy (업계 발표자료를 준비하고 조직의 정책과 일관되는 보험견적 요청하기)
		Negotiate and agree complex insurance cover on behalf of clients (고객을 대신하여 복잡한 보험 대행을 협상하고 동의하기)
		Progress complex insurance renewals as an intermediary (중개인으로서 복잡한 보험갱신 진행하기)
		Progress complex mid-term insurance amendments (간단한 중기보험개정 처리하기)
		Determine the cover and extent of liability in complex insurance claims (복잡한 보험금청구에 있어 보장과 책임 범위 결정하기)
		Negotiate and settle complex insurance claims (복잡한 보험금청구를 협상하고 해결하기)
		Progress complex claims for uninsured losses (비보험손실에 대해 복잡한 요청 진척시키기)
		Ensure effective recovery in complex insurance claims (복잡한 보험금청구에서 효과적인 회복 보장하기)
		Evaluate and decide whether to underwrite complex new risks (복잡하고 새로운 위험의 심사 여부를 평가하고 결정하기)
		Negotiate and determine the conditions under which risk will be underwritten in complex insurance cases (복잡한 보험 케이스에서 위험 심사의 조건을 협상하고 결정하기)
		Progress the underwriting of complex insurance policy alterations and mid-term amendments (복잡한 보험증서 변경사항과 중기 수정사항의 심사 진척시키기)
		Carry out audits of insurance claims processes (보험금청구 절차 감사하기)
		Undertake a quality audit of insurance casework within your area of responsibility (책임 지역내에서 사례별 보험복지사업에 대한 품질 감사하기)
		Provide technical advice and support regarding complex insurance matters to others (복잡한 보험업 관련하여 타인에게 전문적 자문과 지원 제공하기)

소분류	세분류 (직무)	능력단위
Financial & Insurance	Underwriter (언더라이터) Claims Assistant (지급심사) Placing Broker (보험중개인)	Provide documentation in support of contracts of insurance (보험계약 지원을 위한 문서화작업 제공하기)
		Collate, prepare and monitor information and data from a variety of sources (다양한 출처의 정보와 데이터를 수집하고 준비하고 모니터링하기)
		Process information and update records in relation to contracts of insurance in a financial services environment (재무서비스 환경에서 보험계약 관련한 정보를 처리하고 기록을 업데이트 하기)
		Provide information to others in a financial services environment (재무서비스 환경에서 다른사람들에게 정보 제공하기)
		Contribute to the delivery and achievement of team and business objectives in a financial services environment (재무서비스 환경에서 팀과 사업목표 달성에 기여하기)
		Monitor the workflow in a financial services environment (재무서비스 환경에서 업무흐름 모니터링하기)
		Underwrite amendments or renewals for existing insurance contracts (기존 보험계약에 대한 수정이나 갱신 심사하기)
		Monitor own underwriting performance against key performance indicators (핵심수행지표에 비추어 심사 수행 모니터링하기)
		Monitor own performance in placing risks or handling claims against key performance indicators (핵심수행지표에 비추어 위험보유나 보험금 처리에 대한 수행 모니터링하기)
		Prepare market presentations and obtain insurance quotations (업계발표자료를 준비하고 보험견적 구하기)
		Arrange insurance cover on behalf of clients (고객을 대신하여 보험대행 처리하기)
		Effect amendments or renewals to existing insurance contracts (기존 보험계약에 대해 수정안 또는 갱신 내용 적용하기)
		Assess the needs of clients and prepare London Market presentations (고객 요구를 평가하고 런던시장 발표자료 준비하기)
		Negotiate quotations and insurance cover on behalf of clients (고객을 대신하여 견적을 협상하고 보험 대행하기)
		Collate and analyse statistical insurance data (통계적 보험데이터를 수집하고 분석하기)

소분류	세분류 (직무)	능력단위
Financial & Insurance	Pensions Administrator; Owner /Manager (연금관리자) Pensions and insurance clerks (연금보험 담당자)	Recruit, select and retain colleagues (모집, 선택하고 동료를 유지하기)
		Stewardship and oversight - meetings and decisions (재산관리 및 감독 - 회의 및 의사결정)
		Funding for defined benefit schemes - funding considerations (확정급여형 퇴직연금 제도의 자금 조달 - 자금 조달 고려사항)
		Funding for defined benefit schemes - additional considerations relating specifically to statutory valuation (확정급여형 퇴직연금 제도의 자금 조달 - 법정 평가에 특이적으로 관련 추가 고려사항)
		Funding for defined benefit schemes - responding to exceptional circumstances (확정급여형 퇴직연금 제도의 자금 조달 - 예외적인 상황에 대한 대응)
		Investment - strategy for defined benefit schemes (투자 - 확정급여형 퇴직연금 제도를 위한 전략)
		Funding for defined contribution schemes 확정기여형 퇴직연금 제도의 자금 조달
		Investment - aspects of defined contribution arrangements (투자 - 확정기여형 퇴직연금 준비의 측면)
		Investment - selection and delegation to fund managers for both defined benefit and defined contribution schemes (투자 - 확정급여형 퇴직연금 및 확정기여형 퇴직연금 제도의 자금 조달을 위한 선택 및 위임하기)
		Dispute resolution (분쟁 처리하기)
		Winding-up a pension scheme (연금제도 청산하기)
		Liability management exercises (including enhanced transfer values & pension increase exchange activity) (부채 관리하기(강화된 교환 가치 및 연금 증가 교류활동을 포함))
		Stewardship and oversight - internal controls (재산관리 및 감독 - 내부통제)
		Acting as chair of trustees or of a sub-committee (신탁관리자의 의장 또는 분과 위원회로서의 역할)
		Stewardship and oversight - relations with sponsoring employer (재산관리 및 감독 - 스폰서 고용주와의 관계)
		Stewardship and oversight - professional advice (재산관리 및 감독 - 전문적인 자문)

소분류	세분류 (직무)	능력단위
Financial & Insurance	Risk Manager (리스크 관리자) Training and Competence Manager (훈련 및 역량관리자)	Establish risk appetite and policy for a financial services organization (금융 서비스 조직의 리스크 수용범위와 정책 수립하기)
		Evaluate the effectiveness of risk management controls for a financial services organization (금융 서비스 조직의 리스크 관리 통제의 효과성 평가하기)
		Monitor risks and the effectiveness of associated controls for a financial services organization (금융 서비스 조직의 관련 통제의 리스크 및 효과성 모니터링하기)
		Monitor and review the risk management process for a financial services organization (금융 서비스 조직의 리스크 관리 프로세스 모니터링 및 검토하기)
		Report risk management information to financial services stakeholders (금융 서비스 이해관계자에게 리스크 관리 정보 보고하기)
		Ensure an effective risk architecture is in place for a financial services organization (금융 서비스 조직의 효과적 리스크 구조가 적절한지 확인하기)
		Establish risk protocols for a financial services organization (금융 서비스 조직의 리스크 프로토콜 수립하기)
		Identify risks for a financial services organization (금융 서비스 조직의 리스크 확인하기)
		Assess risks for a financial services organization (금융 서비스 조직의 리스크 평가하기)
		Develop a risk profile for a financial services organization (금융 서비스 조직의 리스크 프로파일 개발하기)
		Identify risk actions to manage risk for a financial services organization (금융 서비스 조직의 리스크 관리를 위한 위험 조치 확인하기)
		Facilitate risk mitigation planning for a financial services organization (금융 서비스 조직의 리스크 완화 계획 촉진하기)
		Develop and maintain relationships relevant to risk management in a financial services organization (금융 서비스 조직의 리스크 관리 관련 관계에 대해 개발 및 유지하기)

소분류	세분류 (직무)	능력단위
Financial & Insurance	Training and Competence Manager (훈련 및 역량관리자)	Analyse customer and business needs and the business (고객과 비즈니스 니즈 및 비즈니스에 대해 분석하기)
		Evaluate your organization's business processes and systems (조직의 비즈니스 프로세스 및 시스템에 대해 평가하기)
		Analyse the regulatory requirements and principles that impact on the design or revision of a Training and Competence Scheme (훈련 및 역량 체계의 설계 또는 수정에 영향을 미치는 규제 요건 및 원칙 분석하기)
		Develop and agree a Training and Competence policy (훈련 및 역량 정책을 개발하고 승인하기)
		Structure a Training and Competence Scheme that reflects customer and business needs (고객 및 비즈니스 니즈를 반영한 훈련 및 역량 체계 구조화하기)
		Develop procedures and recording systems for a Training (훈련을 위한 절차 및 리코팅 시스템 개발하기)
		Promote the Training and Competence Scheme to users (사용자에게 훈련 및 역량 체계 홍보하기)
		Organise management and training support for the implementation of a Training and Competence Scheme (훈련 및 역량 체계의 실행을 위한 관리와 훈련 지원 정리하기)
		Implement a cost effective and practical Training and Competence Scheme (훈련 및 역량 체계의 효과적이고 실용적인 비용 지급하기)
		Evaluate the effectiveness of a Training and Competence Scheme (훈련 및 역량 체계의 효과성 평가하기)
		Propose developments to the Training and Competence (훈련 및 역량에 대한 개발 제안하기)
		Promote and contribute to the implementation of changes to the Training and Competence Scheme (교육 및 역량 체계의 변화 실행에 대한 촉진 및 기여하기)
		Understand the business strategy and commercial objectives (비즈니스 전략 및 상업적 목적 이해하기)
		Assess business strategy and commercial risks that a Training (훈련에 비즈니스 전략 및 상업 위험 평가하기)
		Plan Training and Competence supervision actions (훈련 및 역량에 대한 감독 활동 계획하기)
		Establish routines for monitoring, assessing and recording performance and development needs within a Training and Competence Scheme (훈련 및 역량 체계 내에서 모니터링, 평가, 녹음성능, 개발 니즈에 대한 일과 수립하기)
		Monitor, assess and record individual and team performance (모니터링, 평가하고 개인과 팀의 성과 기록하기)
		Plan actions to address individual and team performance (개인과 팀의 성과를 해결하기 위한 조치 계획하기)
		Set development objectives to address performance (성과를 해결하기 위한 개발 목표 설정하기)
		Organise learning activities to help individuals and teams to meet their development objectives within a Training and Competence Scheme (훈련 및 역량 체계 내에서 개인과 팀이 개발 목표를 달성하는 데 도움이

		되는 학습 활동 정리하기)
		Evaluate the learning activities undertaken by individuals and teams within a Training and Competence Scheme (훈련 및 역량 체계 내에서 개인과 팀이 수행한 학습활동 평가하기)
		Provide leadership for your team within a Training and Competence Scheme (훈련 및 역량 체계 내에서 팀을 위한 리더십 발휘하기)

소분류	세분류 (직무)	능 력 단 위
Financial & Insurance	Anti-money Laundering (자금세탁 방지)	Devise an audit strategy to audit the Training (훈련을 감사할 감사 전략 세우기)
		Carry out audit investigations of the Training and Competence Scheme (훈련 및 역량 체계의 감사 조사 수행하기)
		Analyse information from the audit of the Training (훈련에 대한 감사 정보 분석하기)
		Gather and disseminate information about AML and CTF requirements in your organization (조직의 AML 및 CTF 요건에 대한 정보를 수집하고 전파하기)
		Assist senior management in ensuring their staff at your organization comply with AML and CTF measures (조직의 AML 및 CTF 조치 준수에 대한 직원을 보장하는 고위 관리직을 지원하기)
		Develop an AML and CTF reference guide for your organization (조직의 AML 및 CFT 참조 가이드 개발하기)
		Advise and guide staff in your organization on AML and CTF (AML 및 CTF에 대한 조직 직원에게 조언 및 안내)
		Consider and advise on the ML and TF implications of new business strategies at your organization (조직의 새로운 비즈니스 전략의 ML과 TF의 영향에 대한 고려 및 조언하기)
		Plan and deliver AML and CTF training for your organization (조직의 AML 및 CTF 훈련을 계획하고 제공하기)
		Handle requests for financial information from enforcement authorities (집행 기관으로부터 재무적 정보에 대한 요청 처리하기)
		Design and monitor an internal reporting system for suspicious transactions and activities (의심스러운 거래 및 활동에 대한 내부 보고 시스템 설계 및 모니터링하기)
		Identify the implications of AML and CTF measures for the business conducted by your organization (조직의 수행 사업에 대한 AML 및 CTF 조치 결과 확인하기)
		Report suspicious financial activity to enforcement authorities (집행 기관에 의심스러운 재무 활동 보고하기)
		Identify improvements to the implementation of AML and CTF measures within your organization (조직 내 AML 및 CTF 조치 이행에 대한 개선 확인하기)
		Design an AML and CTF policy for your organization (조직의 AML 및 CTF 정책 설계하기)
		Communicate and implement your AML and CTF policy within your organization (조직의 AML 및 CTF 정책에 대한 커뮤니케이션 및 실행하기)
		Design and oversee procedural controls at your organization to monitor ML and TF risks (조직의 ML 및 TF의 위험을 모니터링하기 위한 절차적 통제를 계획하고 감독하기)
		Report progress in securing AML and CTF outcomes in your organization (조직의 AML 및 CTF 결과를 보장하는 진행상황 보고하기)

소분류	세분류 (직무)	능력단위
Financial & Insurance	Compliance (규정준수, 감사)	Gather and disseminate information about compliance requirements in your organization (조직의 규정 준수 요건에 대한 정보 수집 및 전파하기)
		Develop a compliance reference guide for your organization (조직의 규정 준수 참조 가이드 개발하기)
		Advise and guide staff in your organization on compliance matters (조직의 규정 준수 문제에 대해 직원에게 조언 및 가이드하기)
		Write and present compliance reports about your organization (조직의 규정준수 보고서 작성 및 제출하기)
		Consider and advise on the regulatory implications of new business strategies at your organization (조직의 새로운 비즈니스 전략의 규제 영향에 대해 고려 및 조언하기)
		Plan and deliver compliance training for your organization (조직의 규정 준수 훈련 계획 및 제공하기)
		Plan, develop and maintain an effective relationship strategy with relevant external bodies (관련 외부 기관과의 효과적인 관계 전략에 대해 계획, 개발 및 유지하기)
		Respond to requests to your organization to contribute to consultations (협의에 기여하기 위한 조직의 요청에 응답하기)
		Identify, investigate and resolve non-compliant activity within your organization (조직 내 순응하지 않는 활동에 대해 확인, 조사 및 해결하기)
		Inform regulatory bodies of breaches in regulations at your organization (조직의 규정에 위반한 규제기관 통보하기)
		Prepare for and facilitate an inspection visit at your organization from regulatory bodies (규제 기관으로부터 조직의 시찰방문 준비 및 도모하기)
		Identify the implications of financial regulations for the business conducted by your organization (조직에서 수행한 사업에 대한 금융 규제 영향 확인하기)
		Devise an audit strategy to audit the Training (훈련을 감사할 감사 전략 세우기)
		Carry out audit investigations of the Training and Competence Scheme (훈련 및 역량 체계에 대한 감사 조사 수행하기)
		Analyse information from the audit of the Training (훈련의 감사 정보 분석하기)
		Gather and disseminate information about AML and CTF requirements in your organization (조직의 AML 및 CTF 요건에 대한 정보 수집하고 전파하기)
		Assist senior management in ensuring their staff at your organization comply with AML and CTF measures (조직의 AML 및 CTF 조치 준수에 대한 직원을 보장하는 고위 관리직을 지원하기)
		Develop an AML and CTF reference guide for your organization (조직의 AML 및 CFT 참조 가이드 개발하기)
		Advise and guide staff in your organization on AML and CTF (AML 및 CTF에 대한 조직 직원에게 조언 및 안내)
		Consider and advise on the ML and TF implications of new business

소분류	세분류 (직무)	능 력 단 위
		strategies at your organization (조직의 새로운 비즈니스 전략의 ML과 TF의 영향에 대한 고려 및 조언하기)
		Assess and mitigate the compliance risks relevant to your organization (조직의 규정 준수 관련 리스크 평가 및 완화하기)
		Identify improvements to the implementation of financial regulations within your organization (조직 내 금융 규제의 이행에 대한 개선 확인하기)
		Design a compliance policy for your organization (조직의 규정 준수 정책 설계하기)
		Communicate and implement your compliance policy within your organization (조직 내 규정 준수 정책에 대해 커뮤니케이션 및 실행하기)
		Design and oversee procedural controls at your organization to monitor compliance risks (조직 내 규정 준수 리스크를 모니터링하기 위한 절차적 통제를 계획하고 감독하기)
		Assist senior management in ensuring that staff at your organization comply with regulations (조직의 규정 준수에 대한 직원을 보장하는 고위 관리직을 지원하기)

2 경력개발경로 구성

중분류	소분류	경력개발경로
02. 보험	03. 손해사정	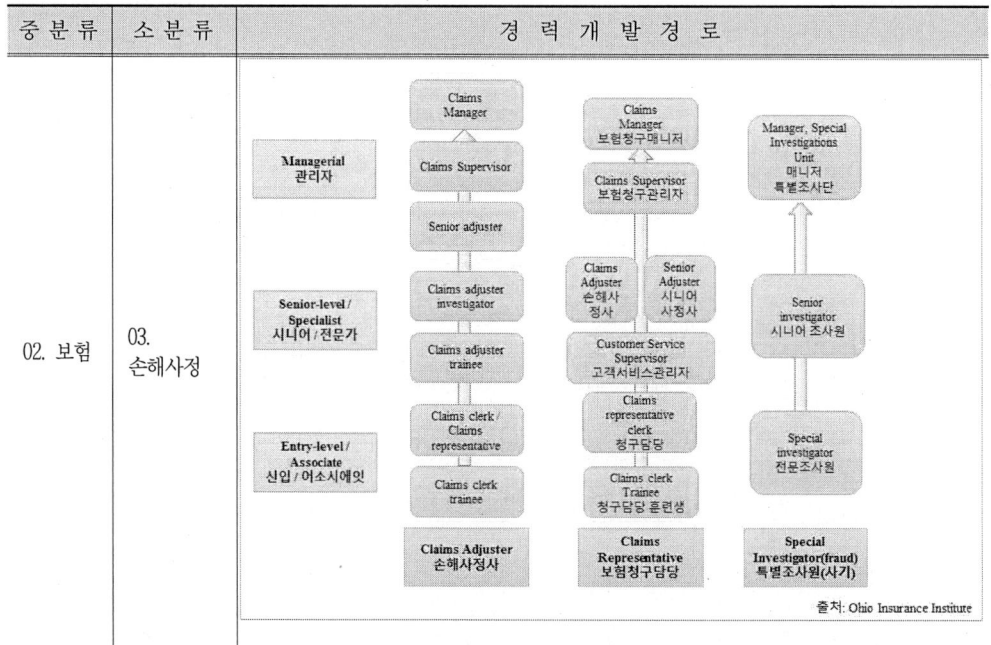

※ 미국 보험회사에서 주로 클레임(claims)업무를 담당하는 직무담당자들의 경력 경로를 국가직무표준의 틀에 맞춰 '손해사정' 소분류 영역의 벤치마킹 자료로 제시하였다. 보험사기 가능성을 사전에 차단 및 방지하고, 발생한 사기사건의 해결을 전담하는 업무의 경력경로를 별도로 제시하고 있다.

CHAPTER III

표준 및 활용패키지

직무명 |재물손해사정|

1. 직무 개요 ··· 35
   1) 직무 정의 ··· 35
   2) 능력단위 ·· 35
   3) 능력단위별 능력단위요소 ·· 36

2. 능력단위별 세부내용 ·· 37

3. 관련자격 개선의견 ··· 102

4. 활용패키지 ·· 105

직무명 : 재물손해사정

1. 직무 개요

1) 직무 정의

재물손해사정(1. 화재·특종 2. 배상책임 3. 해상·항공보험)은 공정하고 투명한 손해액산정과 보험금지급을 위하여 재산과 물건 손해에 대한 보험관련 법규와 약관을 근거로 전문적인 능력과 지식을 활용하여 보험사고의 조사•평가•조정하는 일이다.

2) 능력단위

순 번	능 력 단 위	페 이 지
1	사고접수	37
2	계약내용 확인	44
3	현장조사	51
4	손해액 산정	57
5	보험금 사정	63
6	민원처리	70
7	보험자대위	77
8	재보험	84
9	소송 처리	89
10	재물손해사정 기획관리	95

3) 능력단위별 능력단위요소

분류번호	능력단위(수준)	능력단위요소	수준
0302030101_14v1	사고접수(4)	1. 사고내용 접수하기	2
		2. 보상진행 안내하기	3
		3. 초동조치 안내하기	4
0302030102_14v1	계약내용 확인(6)	1. 계약사항 확인하기	4
		2. 보험약관 확인하기	5
		3. 보험종목별 관련법규 확인하기	6
0302030103_14v1	현장조사(5)	1. 사고관련자 면담하기	3
		2. 사고현장 조사하기	5
		3. 손해조사하기	4
0302030104_14v1	손해액 산정(6)	1. 보험의 목적 확인하기	4
		2. 손해액 산정하기	6
		3. 보험가액 평가하기	5
0302030105_14v1	보험금 사정(7)	1. 약관상 지급기준 확인하기	5
		2. 면·부책결정하기	6
		3. 지급보험금 산정하기	7
0302030106_14v1	민원처리(6)	1. 민원내용 확인하기	4
		2. 민원관련자 면담하기	5
		3. 수용여부 결정하기	6
0302030107_14v1	보험자 대위(6)	1. 잔존물 매각하기	4
		2. 구상채권 확정하기	6
		3. 구상채권 행사하기	5
0302030108_14v1	재보험(7)	1. 재보험 계약내용 확인하기	6
		2. 손해사고 통지하기	5
		3. 재보험금 회수하기	7
0302030109_14v1	소송 처리(7)	1. 소송실익 검토하기	7
		2. 소송 진행 관리하기	6
		3. 소송사후 관리하기	5
0302030110_14v1	재물손해사정 기획관리(8)	1. 손해사정 기획하기	8
		2. 교육 관리하기	6
		3. 조직 관리하기	7

2. 능력단위별 세부내용

분류번호 : 0302030101_14v1

능력단위 명칭 : 사고접수

능력단위 정의 : 사고접수는 보험사고의 손해사정을 위해서 사고내용 접수, 보상진행 안내, 초동 조치를 안내하는 능력이다.

능력단위요소	수 행 준 거
0302030101_14v1.1 사고내용 접수하기	1.1 고객 응대 시 고객의견을 경청하고 공감해 전화 상담을 친절하게 응대할 수 있다. 1.2 사고접수 시 보험 상품별 보험약관 지급기준에 따라 보험사고 종류, 지급내용에 대해 분류할 수 있다. 1.3 보험사고 업무처리 기준에 따라 필요한 보험금 청구서류를 안내하고 접수할 수 있다. 【지 식】 ○ 현장사용용어 ○ 보험 상품 ○ 고객 응대 ○ 보상청구서류 【기 술】 ○ 요약정리 능력 ○ 전화상담 능력 ○ 문제발견 능력 ○ 경청 능력 【태 도】 ○ 다양한 수용 ○ 유연한 태도 ○ 치밀한 태도 ○ 서비스마인드 유지
0302030101_14v1.2 보상진행 안내하기	2.1 정해진 업무처리 기한 내에 통보대상 고객을 분류할 수 있다. 2.2 해당 사고대상 보험 종목별 보상 절차를 설명 할 수 있다. 2.3 업무처리 기준에 따라 수익자에게 보상진행내용을 친절히 안내 할 수 있다. 【지 식】 ○ 보험계약 약관 ○ 보상절차 ○ 보상청구서류 ○ 고객응대 ○ 보험 상품

능력단위요소	수행준거

	【기 술】
	  ○ 전화상담 능력
	  ○ 커뮤니케이션 능력
	  ○ 분석 능력
	【태 도】
	  ○ 협력적 태도
	  ○ 법규 준수
	  ○ 약정사항 준수
	  ○ 친절한 태도

0302030101_14v1.3 초동조치 안내하기	3.1 현장 상황에 따라 정확한 초동조치 사항을 안내할 수 있다. 3.2 손해 유형에 따라 보험 목적물의 현장 보존방법을 안내할 수 있다. 3.3 제3자 불법행위에 의한 사고일 경우 구상 정보를 협조 요청 할 수 있다.

	【지 식】
	  ○ 현장보존
	  ○ 보험목적물
	  ○ 구상채권
	【기 술】
	  ○ 상담 능력
	  ○ 직무 능력
	  ○ 문제발견 능력
	  ○ 논리적 설명 능력
	【태 도】
	  ○ 약정사항 준수
	  ○ 객관성 유지
	  ○ 논리적 사고 유지

◉ 적용범위 및 작업상황

고려사항

- 이 능력단위는 보험계약자의 보유계약과 관련하여 신고된 사고를 접수하고, 보험종목별 해당 부서로 분류하는 업무에 적용한다.
- 사고접수란 보험계약자, 피보험자, 모집자, 피해자가 신고하는 사고를 보험회사, 손해사정회사가 접수하는 업무를 말한다.
- 사고접수내용에는 다음 사항을 포함한다.
  - 보험증권번호
  - 보험계약자, 피보험자의 인적사항
  - 보험종목 명칭
  - 사고내용(육하원칙)
  - 관련 경찰서, 소방서 신고여부
  - 손해내역
  - 피해자, 피해물 연락처

자료 및 관련 서류

- 보험계약법
- 보험업 감독규정
- 민법
- 사고접수대장
- 보험금청구서
- 사고발생통보서
- 사고접수 처리지침

장비 및 도구

- 컴퓨터
- 프린터
- 인터넷
- 전화수신장치
- 녹취에 필요한 장비
- 계산기
- 손해사정 전산프로그램

재료

- 해당 없음

◉ 평가지침

평가방법

- 평가자는 능력단위 사고접수의 수행준거에 제시되어 있는 내용을 평가하기 위해 이론과 실기를 나누어 평가하거나 종합적인 결과물의 평가 등 다양한 평가 방법을 사용할 수 있다.
- 피 평가자의 과정평가 및 결과평가 방법

평가 방법	평가 유형	
	과정평가	결과평가
A. 포트폴리오		
B. 문제해결 시나리오		
C. 서술형시험		
D. 논술형시험		
E. 사례연구		
F. 평가자 질문		
G. 평가자 체크리스트		√
H. 피평가자 체크리스트		
I. 일지/저널		
J. 역할연기	√	
K. 구두발표		
L. 작업장평가		
M. 기타		

평가시 고려사항

- 수행준거에 제시되어 있는 내용을 성공적으로 수행할 수 있는지를 평가해야 한다.
- 평가자는 다음사항을 평가해야 한다.
  - 보험종목별 대상고객 분류능력
  - 보험종목별 사고내용 접수능력
  - 현장상황에 따른 초동조치사항 안내능력

- 능력단위요소별 평가사항은 다음과 같다.

능력단위요소	평가 사항
사고내용 접수하기	ㅇ 고객응대 스크립트 지식 ㅇ 보험사고 지급기준이해 ㅇ 보험금 지급서류 이해
보상진행 안내하기	ㅇ 보험종목별 보상절차 이해 ㅇ 수익자에 대한 보상진행사항 이해
초동조치 안내하기	ㅇ 현장상황에 따른 초동조치사항 지식 ㅇ 보험목적물의 현장 보존방법에 대한 이해 ㅇ 불법행위에 대한 구상처 정보에 대한 이해

◉ 직업기초능력

순 번	직 업 기 초 능 력	
	주요영역	하위영역
1	의사소통능력	경청능력, 문서작성능력, 의사표현능력
2	대인관계능력	갈등관리능력, 고객서비스능력
3	조직이해능력	조직체제이해능력
4	직업윤리	근로윤리
5	정보능력	컴퓨터활용능력

◉ 개발 이력

구 분		내 용
직무명칭		재물손해사정
분류번호		0302030101_14v1
개발연도	현재	2014
	…	
	2차	
	최초(1차)	2014
버전번호		V1(신규)
개 발 자	현재	보험연수원
	…	
	2차	
	최초(1차)	보험연수원
향후 보완 연도(예정)		2017~2019

분류번호 : 0302030102_14v1

능력단위 명칭 : 계약내용 확인

능력단위 정의 : 계약내용 확인은 보험사고의 보상여부를 확인하기 위하여 계약사항 확인, 보험약관 확인, 관련법규를 확인하는 능력이다.

능력단위요소	수 행 준 거
0302030102_14v1.1 계약사항 확인하기	1.1 각 종목별 보험 증권의 계약내용을 파악할 수 있다. 1.2 각 종목별 보험 증권의 계약내용이 사고와 관련성이 있는지를 확인하고 보고서를 작성할 수 있다. 1.3 보험증권상에 규정되어 있는 기간 내에 보험 계약자에게 보험접수 여부를 통지할 수 있다. 【지 식】 ○ 보험계약 ○ 보험관련법 ○ 보험 상품 【기 술】 ○ 정보조사 능력 ○ 약관적용 능력 ○ 문제분석 능력 【태 도】 ○ 약정사항 준수 ○ 치밀함 유지 ○ 객관성 유지
0302030102_14v1.2 보험약관 확인하기	2.1 보험증권의 보험조건에 따라 해당약관을 확인할 수 있다. 2.2 보험증권상의 약관에 따라 보험적용여부를 결정할 수 있다. 2.3 보험약관의 면책, 책임 제한 규정을 파악하고 관련 보고서를 작성할 수 있다. 【지 식】 ○ 약관내용(보통, 특별) ○ 보상계약법 ○ 보험종목별 약관 【기 술】 ○ 약관분석 능력 ○ 약관적용 능력 ○ 문제발견 능력 【태 도】 ○ 치밀함 유지

능력단위요소	수행준거
	○ 법규 준수 ○ 약정사항 준수
0302030102_14v1.3 보험종목별 관련법규 확인하기	3.1 보험종목별 관련 법규를 찾아내 적용할 수 있다. 3.2 보험종목별 관련법규를 근거로 보험금 지급 가부에 대한 보고서를 작성할 수 있다. 3.3 관련법규에 따른 보험금 지급범위를 결정하여 보고할 수 있다.
	【지 식】 ○ 보험업법 ○ 보험계약법 ○ 보험종목별 관련법규 【기 술】 ○ 분석 능력 ○ 관련법규 통합 능력 ○ 요약정리 능력 【태 도】 ○ 법규 준수 ○ 논리적인 태도 ○ 업무지침 준수

◉ 적용범위 및 작업상황

고려사항

- 이 능력단위는 1. 화재·특종 2. 배상책임 3. 해상·항공보험관련 보험 계약 사항과 관련 법규 파악에 적용한다.
- 계약내용 확인이란 사고접수 이후 사고가 담보범위에 해당하는지 여부, 면책사항 그리고 관련법규를 파악하는 관리를 말한다.
- 보험계약사항 법규확인을 위해 아래사항을 파악해야 한다.
  - 보험청약서 내용
  - 보험종목별 해당 약관내용
  - 보험종목별 해당 법규

자료 및 관련 서류

- 보험업법
- 약관규제법
- 상법
- 화재보험약관
- 특종보험약관
- 배상책임보험약관
- 패키지보험약관
- 협회적하약관
- 협회선박기간보험약관
- 기타 전쟁, 테러, 원자력약관
- 항공보험약관

장비 및 도구

- 컴퓨터
- 인터넷
- 서적

재료

- 해당 없음

◉ 평가지침

평가방법

- 평가자는 능력단위 계약내용 확인의 수행준거에 제시되어 있는 내용을 평가하기 위해 이론과 실기를 나누어 평가하거나 종합적인 결과물의 평가 등 다양한 평가 방법을 사용할 수 있다.
- 피 평가자의 과정평가 및 결과평가 방법

평가방법	평가유형	
	과정평가	결과평가
A. 포트폴리오		
B. 문제해결 시나리오		
C. 서술형시험	√	
D. 논술형시험		
E. 사례연구		
F. 평가자 질문		√
G. 평가자 체크리스트		
H. 피평가자 체크리스트		
I. 일지/저널		
J. 역할연기		
K. 구두발표		
L. 작업장평가		
M. 기타		

평가시 고려사항

- 수행준거에 제시되어 있는 내용을 성공적으로 수행할 수 있는지를 평가해야 한다.
- 평가자는 다음사항을 평가해야 한다.
    - 계약사항 검토 및 관련보고서 작성능력
    - 보험계약서상 업무처리 기한 내 보험접수 통지능력

- 보험약관내용 분석능력
- 보험사고 판단능력
- 보험금지급 가부에 대한 보고서 작성능력
- 보험금 지급범위 결정능력

● 능력단위요소별 평가사항은 다음과 같다.

능력단위요소	평가 사항
계약사항 확인하기	○ 보험종목별 보험증권 내용에 대한 이해
보험약관 확인하기	○ 약관상 면부책 이해
보험종목별 관련법규 확인하기	○ 보험종목별 관련법규 지식

◉ 직업기초능력

순 번	직업기초능력	
	주요영역	하위영역
1	자기개발능력	경력개발능력
2	의사소통능력	문서이해능력, 기초외국어능력
3	문제해결능력	사고력
4	정보능력	정보처리능력
5	기술능력	기술이해

◉ 개발 이력

구 분		내 용
직무명칭		재물손해사정
분류번호		0302030102_14v1
개발연도	현재	2014
	⋯	
	2차	
	최초(1차)	2014
버전번호		V1(신규)
개 발 자	현재	보험연수원
	⋯	
	2차	
	최초(1차)	보험연수원
향후 보완 연도(예정)		2017~2019

분류번호 : 0302030103_14v1

능력단위 명칭 : 현장조사

능력단위 정의 : 현장조사는 보험사고의 원인과 손해범위를 확인하기 위하여 사고관련자 면담, 사고현장 조사, 손해를 조사하는 능력이다.

능력단위요소	수 행 준 거
0302030103_14v1.1 사고관련자 면담하기	1.1 보험계약자와 상담할 때 고객의 의견을 경청하고 친절하게 응대할 수 있다. 1.2 사고관련자와 면담할 때 육하원칙에 의거한 사고경위서를 징구할 수 있다. 1.3 보험업법 규정에 따라 손해사정 선임에 대한 안내장을 징구할 수 있다.
	【지 식】 ○ 고객응대 지식 ○ 보험종목별 초동조치 지식 ○ 보험종목별 손해사정 절차 【기 술】 ○ 상담 능력 ○ 문제해결 능력 ○ 대인관리 능력 【태 도】 ○ 고객 중심적 태도 ○ 서비스마인드 유지 ○ 유연한 대인관계 유지 ○ 경청자세 유지
0302030103_14v1.2 사고현장 조사하기	2.1 신속한 피해조사를 통하여 현장 도면을 작성할 수 있다. 2.2 보험종목별 목적물 특성에 맞는 전문적인 지식을 활용한 조사를 수행할 수 있다. 2.3 전문지식을 활용하여 사고 현장에 대한 객관적인 사고원인에 대해 조사 할 수 있다.
	【지 식】 ○ 리스크 지식 ○ 보험종목별 목적물 지식 ○ 보험종목별 손익 지식 【기 술】 ○ 문제발견 능력 ○ 사고조사 기술 ○ 현장분석 능력 【태 도】 ○ 직업 윤리적 태도

능력단위요소	수행준거
	○ 객관성 유지 태도 ○ 공정성 유지 태도
0302030103_14v1.3 손해 조사하기	3.1 보험종목별 특성에 따라 목적물의 손해상태를 상세하게 파악할 수 있다. 3.2 손해유형별 조사기법에 따라 상세하고 객관적인 손해명세서를 작성할 수 있다. 3.3 손해정도에 대한 이견발생시 합리적인 대안을 제시할 수 있다.
	【지식】 ○ 화재·특종에 대한 지식 ○ 배상책임에 대한 지식 ○ 해상·항공보험에 대한 지식 ○ 손해유형별 조사기법 지식 【기술】 ○ 피해물 분석 능력 ○ 컴퓨터 활용 능력 ○ 보고서 작성 능력 【태도】 ○ 성실한 태도 ○ 논리적 사고 유지 태도 ○ 치밀한 태도

◉ 적용범위 및 작업상황

고려사항

- 이 능력단위는 1. 화재·특종 2. 배상책임 3. 해상·항공보험 관련 보험사고의 현장조사에 적용한다.
- 보험종목이란 자동차보험과 신체관련 상해 및 질병보험을 제외한 1. 화재·특종 2. 배상책임 3. 해상·항공보험의 재물관련 분야의 보험을 말한다.
- 현장조사시 다음 사항에 중점을 두고 조사한다.
    - 사고원인, 목격자 진술, 계약자측의 고의 및 중과실 개입여부, 가해자와 피해자의 관계, 목적물 확인, 목적물별 세부손해 상황(명칭, 수량, 제원, 피해정도), 손해조사내용에 대한 계약자 확인받기, 작업공정, 사업체 개요 및 현황, 유자격 면허소지 여부

자료 및 관련 서류

- 목적물별 준공도면 및 시방서
- 목적물별 현황자료
  (명칭, 용도, 재원, 수량)
- 건축물 대장
- 건물등기부등본
- 사고경위서
- 사고사실확인원, 화재증명원 관공서 신고서
- 선박등록증, 선원명부
- 면장
- 적하목록
- 선하증권
- 감항증명서
- 항공기등록증

- 초진기록지, 차트
- 비행경력증명서
- 진단서
- 사업자등록증
- 재무제표
- 등록증

장비 및 도구

- 노트북
- 카메라
- 방독면
- 방진마스크
- 방진복
- 안전화, 안전모, 장화, 장갑, 보안경
- 운전면허
- 측량 및 계측장비(줄자, 저울)

재료

- 해당 없음

◉ 평가지침

평가방법

- 평가자는 능력단위 현장조사의 수행준거에 제시되어 있는 내용을 평가하기 위해 이론과 실기를 나누어 평가하거나 종합적인 결과물의 평가 등 다양한 평가 방법을 사용할 수 있다.
- 피 평가자의 과정평가 및 결과평가 방법

평가 방법	평가 유형	
	과정평가	결과평가
A. 포트폴리오		
B. 문제해결 시나리오		
C. 서술형시험		
D. 논술형시험		
E. 사례연구		
F. 평가자 질문		√
G. 평가자 체크리스트		√
H. 피평가자 체크리스트	√	
I. 일지/저널		
J. 역할연기		
K. 구두발표		
L. 작업장평가		
M. 기타		

평가시 고려사항

- 수행준거에 제시되어 있는 내용을 성공적으로 수행할 수 있는지를 평가해야 한다.
- 평가자는 다음 사항을 평가해야 한다.
    - 친절도(해피콜)
    - 현장도면 작성능력
    - 사고원인 파악능력
    - 보험종목별 현장실무 지식

◉ 직업기초능력

순 번	직업기초능력	
	주요영역	하위영역
1	의사소통능력	경청능력, 의사표현능력, 기초외국어능력
2	문제해결능력	문제처리능력, 사고력
3	수리능력	기초연산능력
4	직업윤리	근로윤리
5	대인관계능력	갈등관리능력, 협상능력, 고객서비스능력

◉ 개발 이력

구 분		내 용
직무명칭		재물손해사정
분류번호		0302030103_14v1
개발연도	현재	2014
	...	
	2차	
	최초(1차)	2014
버전번호		V1(신규)
개발자	현재	보험연수원
	...	
	2차	
	최초(1차)	보험연수원
향후 보완 연도(예정)		2017~2019

분류번호 : 0302030104_14v1

능력단위 명칭 : 손해액 산정

능력단위 정의 : 손해액 산정은 합리적 보험금 사정을 위하여 보험의 목적 확인, 손해액 산정, 보험가액을 평가하는 능력이다.

능력단위요소	수 행 준 거
0302030104_14v1.1 보험의 목적 확인하기	1.1 사고접수서류와 비교하여 보험증권 상에 부보된 보험목적물과 동일한 것인지 확인할 수 있다. 1.2 보험목적물의 원래의 용도를 확인하고 다른 대체 물품이 있는지를 시장조사를 통하여 확인할 수 있다. 1.3 보험가입시의 보험목적물 관련 자료와 시장환경을 조사하여 위험의 변동을 확인할 수 있다. 【지 식】 ○ 종목별 목적물 ○ 배상책임 법률 ○ 보험목적물 관련시설 【기 술】 ○ 정보조사 능력 ○ 보고서 작성 능력 ○ 목적물 분석 능력 【태 도】 ○ 합리적 태도 ○ 객관성 유지 ○ 치밀함 유지
0302030104_14v1.2 손해액 산정하기	2.1 현장조사보고서를 토대로 보험증권 상의 조건에 따라 손해액과 손해범위를 확인할 수 있다. 2.2 현장조사보고서를 충분히 이해하여 보고서의 오류와 부족한 점을 보완, 수정할 수 있다. 2.3 보험당사자와 충분한 소통을 통하여 공정한 손해산정을 할 수 있다. 【지 식】 ○ 회계지식 ○ 원상복구 방법 ○ 시장가액 평가 ○ 손해액 평가방법 【기 술】 ○ 분석 능력 ○ 시장통찰 능력 ○ 요약정리 능력

능력단위요소	수 행 준 거
	○ 보고서 작성 능력 【태 도】 ○ 논리적 사고 ○ 다양성 수용 ○ 합리적 태도
0302030104_14v1.3 보험가액 평가하기	3.1 시장정보조사를 통해 합리적인 보험가액을 산정할 수 있다. 3.2 보험목적물의 특성에 따라 보험종목별 보험가액평가를 할 수 있다. 3.3 객관적 자료에 근거한 논리적 분석을 통해 시장가격과 보험가액의 차이에 의한 분쟁을 합리적으로 해결할 수 있다.
	【지 식】 ○ 화재·특종 ○ 배상책임 ○ 해상·항공보험 ○ 보험가액 ○ 평가기준 【기 술】 ○ 정보조사 능력 ○ 시장통찰 능력 ○ 통계 능력 ○ 설득 능력 【태 도】 ○ 논리적 사고 ○ 객관성 유지 ○ 공정성 유지

◉ 적용범위 및 작업상황

> 고려사항

- 이 능력단위는 1. 화재·특종 2. 배상책임 3. 해상·항공보험 관련 보험가액과 손해액 평가에 적용한다.
- 보험가액과 손해액 평가시 다음의 사항을 고려해야 한다.
  - 재조달가액 기준 보상 여부
  - 감가상각 적용 방법
  - 평가 수량 단위 환산 유의
  - 견적서상 과다 청구 및 편승수리 항목 차감
  - 과실 상계
  - 손익상계
  - 시공방법

> 자료 및 관련 서류

- 약관
- 보험가액 및 손해액평가기준
- 적산자료, 물가자료
- 건물신축단가표
- 동산시가조사표
- 견적서, 영수증, 세금계산서, 수입면장
- 시중노임표
- 관련판례
- 재무제표
- 시장가격자료
- 유형고정자산명세서

- 재고자산명세서
- 장해진단서
- 맥브라이드표
- 호프만계수표
- 라이프니쯔계수표
- 조선소요율표
- 항만사용요율표
- 항해일지, 기관일지
- 유류단가표
- 구조비요율표
- 선박항적자료

장비 및 도구

- 컴퓨터
- 스프레드시트
- 데이터베이스
- CAD프로그램
- 계산기

재료

- 해당 없음

◉ 평가지침

평가방법

- 평가자는 능력단위 손해액 산정의 수행준거에 제시되어 있는 내용을 평가하기 위해 이론과 실기를 나누어 평가하거나 종합적인 결과물의 평가 등 다양한 평가 방법을 사용할 수 있다.
- 피 평가자의 과정평가 및 결과평가 방법

평 가 방 법	평 가 유 형	
	과정평가	결과평가
A. 포트폴리오		
B. 문제해결 시나리오		
C. 서술형시험		√
D. 논술형시험		
E. 사례연구		
F. 평가자 질문	√	√
G. 평가자 체크리스트		√
H. 피평가자 체크리스트	√	
I. 일지/저널		
J. 역할연기		
K. 구두발표		
L. 작업장평가		
M. 기타		

평가시 고려사항

- 수행준거에 제시되어 있는 내용을 성공적으로 수행할 수 있는지를 평가해야 한다.
- 평가자는 다음 사항을 평가해야 한다.
  - 보험계약사항 이해능력
  - 보험종목별 현장실무 지식
  - 손해배상범위에 대한 지식
  - 보험가액 및 손해액 평가방법 지식

◉ 직업기초능력

순번	직업기초능력	
	주요영역	하위영역
1	수리능력	기초연산능력
2	문제해결능력	사고력, 문제처리능력
3	정보능력	컴퓨터활용능력, 정보처리능력
4	기술능력	기술이해능력, 기술적용능력
5	직업윤리	근로윤리
6	의사소통능력	기초외국어능력

◉ 개발 이력

구 분		내 용
직무명칭		재물손해사정
분류번호		0302030104_14v1
개발연도	현재	2014
	...	
	2차	
	최초(1차)	2014
버전번호		V1(신규)
개발자	현재	보험연수원
	...	
	2차	
	최초(1차)	보험연수원
향후 보완 연도(예정)		2017~2019

분류번호 : 0302030105_14v1

능력단위 명칭 : 보험금 사정

능력단위 정의 : 보험금 사정은 합리적인 보험금 지급을 위하여 약관상 지급기준 확인, 면·부책 결정, 지급보험금을 산정하는 능력이다.

능력단위요소	수 행 준 거
0302030105_14v1.1 약관상 지급기준 확인하기	1.1 보험종목별 약관상 지급기준 확인이 필요할 때 관련된 다양한 자료를 수집할 수 있다. 1.2 현장 조사 보고서를 충분히 이해하여 보험종목별 지급 기준을 명확히 파악할 수 있다. 1.3 보험종목별 약관 숙지를 통해 지급기준을 수립할 수 있다.

	【지 식】
	  ○ 보험종목별 약관
	  ○ 보험금 산정
	  ○ 보상한도
	【기 술】
	  ○ 현장보고서 분석 능력
	  ○ 체계화 능력
	  ○ 정보정리 능력
	  ○ 약관분석 적용 능력
	【태 도】
	  ○ 분석적인 태도
	  ○ 성실한 태도
	  ○ 논리적인 업무 태도

0302030105_14v1.2 면·부책 결정하기	2.1 면·부책 판단이 필요할 때 사실관계 파악에 도움이 되는 다양한 자료를 수집할 수 있다. 2.2 계약자와 면담 시 계약자 의견을 경청하고 면·부책 여부를 결정할 수 있다. 2.3 면·부책 여부를 계약자에게 통보할 때 유사한 사례에 대한 자료를 제시할 수 있다.

	【지 식】
	  ○ 면·부책 입증에 대한 지식
	  ○ 보험계약법
	  ○ 보험자 책임과 의무에 대한 지식
	【기 술】
	  ○ 사실관계 판단 능력
	  ○ 의사결정 능력
	  ○ 대인 설득 능력
	  ○ 약관분석 적용 능력
	【태 도】

능력단위요소	수행준거
	○ 공정성 유지 ○ 합리적인 태도 ○ 객관성 유지
0302030105_14v1.3 지급보험금 산정하기	3.1 보험금 사정을 위하여 현장손해 조사자와 논의를 통하여 사실관계를 명확하게 파악할 수 있다. 3.2 보험금 안내가 계약자에게 필요할 때 손해사정 보고서를 제출하고 사정내역을 설명할 수 있다. 3.3 손해사정 보고서를 근거로 지급보험금을 산정할 수 있다.
	【지식】 ○ 회계지식 ○ 공제조항 ○ 과실상계 【기술】 ○ 컴퓨터 활용 능력 ○ 보험금 심사 능력 ○ 보고서 작성 능력 【태도】 ○ 협력적 태도 ○ 업무지침 준수 ○ 공정한 태도 ○ 치밀함 유지

◉ 적용범위 및 작업상황

> 고려사항

- 이 능력단위는 1. 화재·특종 2. 배상책임 3. 해상·항공보험 관련 보험금을 사정하는 업무에 적용한다.
- 보험금 사정 시 다음 사항을 고려해야 한다.
  - 사고원인의 합리적 특정 여부
  - 약관상 담보범위 및 면부책 여부 확인
  - 보험 종목별 보상기준 검토
  - 손해액산정 적정성 여부 검토
  - 보상한도액, 증권공제액 적용여부 검토
  - 일부보험, 중복보험 적용여부 검토
  - 잔존물가액 확인
  - 지급처 확인

> 자료 및 관련 서류

- 보험증권
- 보험약관
- 검정보고서
- 상법
- 해사법규
- 유사사례·판례
- 근로기준법
- 산업재해보상보험법

장비 및 도구

- 컴퓨터
- 복사기
- 프린터
- 스캐너
- 전화기
- 계산기

재료

- 해당 없음

◉ 평가지침

평가방법

- 평가자는 능력단위 보험금 사정의 수행준거에 제시되어 있는 내용을 평가하기 위해 이론과 실기를 나누어 평가하거나 종합적인 결과물의 평가 등 다양한 평가 방법을 사용할 수 있다.
- 피 평가자의 과정평가 및 결과평가 방법

평가방법	평가유형	
	과정평가	결과평가
A. 포트폴리오		
B. 문제해결 시나리오		
C. 서술형시험		√
D. 논술형시험		
E. 사례연구		
F. 평가자 질문	√	
G. 평가자 체크리스트		√
H. 피평가자 체크리스트	√	
I. 일지/저널		
J. 역할연기		
K. 구두발표		
L. 작업장평가		
M. 기타		

평가시 고려사항

- 수행준거에 제시되어 있는 내용을 성공적으로 수행할 수 있는지를 평가해야 한다.
- 평가자는 다음의 사항을 평가해야 한다.
  - 보험 종목별 약관, 지급기준 지식
  - 유사판례 및 분쟁조정사례에 대한 지식
  - 사고현장 상황 이해도

- 보험 종목별 약관상 면책 위험
- 유사 사례에 대한 지식
- 현장사고보고서 이해 능력
- 보험 종목별 일부보험, 중복 보험, 증권 공제액, 보상 한도액

◉ 직업기초능력

순 번	직 업 기 초 능 력	
	주요영역	하위영역
1	수리능력	연산능력, 통계능력
2	문제해결능력	문제처리능력, 사고력
3	정보능력	컴퓨터활용능력, 정보처리능력
4	기술능력	기술이해능력
5	직업윤리	근로윤리
6	의사소통능력	기초외국어능력

◉ 개발 이력

구 분		내 용
직무명칭		재물손해사정
분류번호		0302030105_14v1
개발연도	현재	2014
	…	
	2차	
	최초(1차)	2014
버전번호		V1(신규)
개 발 자	현재	보험연수원
	…	
	2차	
	최초(1차)	보험연수원
향후 보완 연도(예정)		2017~2019

분류번호 : 0302030106_14v1

능력단위 명칭 : 민원처리

능력단위 정의 : 민원처리는 보험분쟁을 해결하기 위하여 민원내용 확인, 민원관련자 면담, 수용여부를 결정하는 능력이다.

능력단위요소	수 행 준 거
0302030106_14v1.1 민원내용 확인하기	1.1 민원이 접수되었을 때 민원의 요지를 요약하고 정리할 수 있다. 1.2 클레임 처리 이력 파악을 통하여 손해사정 절차의 적정성 여부를 판단할 수 있다. 1.3 대외 민원 접수 시 처리 기한과 업무 프로세스를 파악할 수 있다. 【지 식】 ○ 손해사정 절차 ○ 민원처리 절차 ○ 소비자관련 법규 【기 술】 ○ 분석 능력 ○ 문제발견 능력 ○ 정보조사 능력 【태 도】 ○ 합리적 태도 ○ 다양성 수용 ○ 법규 준수
0302030106_14v1.2 민원관련자 면담하기	2.1 민원 관련자 면담 시 면담 관련 추가 민원이 발생하지 않도록 상담할 수 있다. 2.2 해당 보험 상품 지식을 통해 민원의 요지와 쟁점사항을 정리할 수 있다. 2.3 민원 관련자 면담 시 민원인의 심리상태를 파악하고 대처할 수 있다. 【지 식】 ○ 보험상품 ○ 고객응대 ○ 상담심리 【기 술】 ○ 상담 능력 ○ 경청 능력 ○ 커뮤니케이션 능력 ○ 협상 능력 【태 도】 ○ 유연한 태도

능력단위요소	수 행 준 거
	○ 합리적 태도 ○ 성실한 태도 ○ 친절한 태도 ○ 다양성 수용
0302030106_14v1.3 수용여부 결정하기	3.1 다양한 보험분쟁 사례의 검토를 통해 민원사안의 의사결정을 할 수 있다. 3.2 감독당국 보험 분쟁조정 절차에 따라 보험분쟁 조정절차를 민원인에게 설명할 수 있다. 3.3 보험회사 민원평가의 중요성을 고려하여 민원업무 처리 시 보험감독정책을 적용할 수 있다.
	【지 식】 ○ 의사결정 원리 지식 ○ 보험분쟁조정 절차 ○ 금융감독정책 【기 술】 ○ 분석 능력 ○ 문제해결 능력 ○ 의사결정 능력 【태 도】 ○ 객관성 유지 ○ 공정성 유지 ○ 문제 개선 의지

◉ 적용범위 및 작업상황

> 고려사항

- 이 능력단위는 손해사정 과정에서 보험이해관계자가 제기한 분쟁을 해결하는 업무이다.
- 민원업무 처리 시 다음 사항에 중점을 두고 검토한다.
    - 보험계약 사항 파악
    - 민원이력파악
    - 불완전판매여부 파악
    - 손해사정 적정성
    - 민원불만 유형 파악
    - 분쟁조정절차
    - 당일취하 가능 여부
    - 법적이행사항 확인

> 자료 및 관련 서류

- 사고처리과정표
- 보험청약서
- 모집경위서
- 가입경위서
- 콜센터 녹취기록

> 장비 및 도구

- 녹취에 필요한 장비
- 상담실

재료

- 해당 없음

◉ 평가지침

평가방법

- 평가자는 능력단위 민원처리의 수행준거에 제시되어 있는 내용을 평가하기 위해 이론과 실기를 나누어 평가하거나 종합적인 결과물의 평가 등 다양한 평가 방법을 사용할 수 있다.
- 피 평가자의 과정평가 및 결과평가 방법

평 가 방 법	평 가 유 형	
	과 정 평 가	결 과 평 가
A. 포트폴리오		
B. 문제해결 시나리오		
C. 서술형시험		
D. 논술형시험		
E. 사례연구		
F. 평가자 질문		
G. 평가자 체크리스트		√
H. 피평가자 체크리스트	√	
I. 일지/저널		
J. 역할연기		
K. 구두발표		
L. 작업장평가		
M. 기타		

평가시 고려사항

- 수행준거에 제시되어 있는 내용을 성공적으로 수행할 수 있는지를 평가해야 한다.
- 평가자는 다음사항을 평가해야 한다.
    - 민원사항 파악/이해능력
    - 민원인 상담능력
    - 손해사정 절차

- 능력단위요소별 평가사항은 다음과 같다.

능력단위요소	평가 사항
민원내용 확인하기	○ 민원처리 절차 지식
민원관련자 면담하기	○ 보험약관지식 ○ 보험상품지식
수용여부 결정하기	○ 유사 분쟁조정 사례에 대한 지식 ○ 유사판례지식

◉ 직업기초능력

순번	직업기초능력	
	주요영역	하위영역
1	의사소통능력	경청능력, 의사표현능력
2	문제해결능력	문체처리능력, 사고력
3	대인관계능력	갈등관리능력, 협상능력, 고객서비스능력
4	조직이해능력	업무이해
5	직업윤리	근로윤리, 공동체윤리

◉ 개발 이력

구분		내용
직무명칭		재물손해사정
분류번호		0302030106_14v1
개발연도	현재	2014
	...	
	2차	
	최초(1차)	2014
버전번호		V1(신규)
개발자	현재	보험연수원
	...	
	2차	
	최초(1차)	보험연수원
향후 보완 연도(예정)		2017~2019

분류번호 : 0302030107_14v1

능력단위 명칭 : 보험자대위

능력단위 정의 : 보험자대위는 이득금지원칙을 실현하기 위하여 잔존물 매각, 구상채권 확정, 구상채권을 행사하는 능력이다.

능력단위요소	수 행 준 거
0302030107_14v1.1 잔존물 매각하기	1.1 잔존물이 발생하였을 때 목적물대위 규정에 따라 매각할 수 있다. 1.2 잔존물이 발생하였을 때 잔존물 처리기준에 따라 평가할 수 있다. 1.3 잔존물 매각여부 검토 시 상법규정에 따라 법규를 적용할 수 있다.
	【지 식】 ○ 잔존물 매각 ○ 잔존목적물 이해 ○ 잔존물 매각 방법 ○ 경·공매법률 【기 술】 ○ 정보조사 능력 ○ 시장통찰 능력 ○ 의사결정 능력 ○ 보고서 작성 능력 【태 도】 ○ 법규 준수 ○ 업무지침 준수 ○ 약정사항 준수 ○ 공정성 유지
0302030107_14v1.2 구상채권 확정하기	2.1 보험계약 적용 시 당해 보험계약에 따라 계약을 분석할 수 있다. 2.2 관련법규를 검토하라고 할 때 민사소송법에 따라 구상권 행사 여부를 결정할 수 있다. 2.3 불법행위 규정에 따라 청구 범위를 확정할 수 있다.
	【지 식】 ○ 보험계약 ○ 보상약관 ○ 불법행위 【기 술】 ○ 분석 능력 ○ 시장통찰 능력 ○ 의사결정 능력

능력단위요소	수행준거
	【태 도】 ○ 손익마인드 태도 ○ 업무지침 준수 ○ 책임감 유지
0302030107_14v1.3 구상채권 행사하기	3.1 소송절차에 대비하라고 요구받았을 때 소송절차법에 따라 사전에 구상전략을 기획할 수 있다. 3.2 소송실익을 검토하라고 지시받았을 때 소송대응전략에 따라 소송전략을 수립할 수 있다. 3.3 채권확보를 요구받았을 때 보전절차 실무에 따라 채권확보 조치를 취할 수 있다. 【지 식】 ○ 민법(민법총칙, 불법행위, 채권법) ○ 민사소송법 ○ 회계지식 ○ 강제집행 절차 【기 술】 ○ 분석 능력 ○ 시장통찰 능력 ○ 의사결정 능력 【태 도】 ○ 손익마인드 태도 ○ 업무지침 준수 ○ 목표달성 의지

◉ 적용범위 및 작업상황

고려사항

- 이 능력단위는 보험자가 피보험자에게 보험금을 지급한 이후 채권을 확보하기 위한 잔존물 매각, 구상채권확정, 구상채권을 행사하는 업무에 적용된다.
- 보험자대위란 보험의 목적이 전부 또는 일부 멸실하거나 손해가 제 3자의 행위로 인하여 발생한 경우 보험금을 지급한 보험자가 피보험자의 권리를 취득하는 것을 말한다.
- 보험자대위 시 다음 사항을 고려하여야 한다.
  - 구상채권 행사를 위한 법규 숙지 및 파악
  - 잔존물 매각 방법별 관련사항 숙지
  - 청구권 대위관련 서류 제공
  - 소멸시효 검토
  - 피보험자와 제3자 사이의 계약 확인
  - 채무불이행, 불법행위에 대한 구별 및 관계 파악
  - 피구상자의 배상능력 확인

자료 및 관련 서류

- 보험금사정서
- 잔존물매각 위임장
- 잔존물 처리 기준
- 상법
- 민사 소송법
- 회계법
- 경·공매 법률
- 대위증서

장비 및 도구

- 컴퓨터
- 인터넷
- 관련 서적

재료

- 해당 없음

◉ 평가지침

평가방법

- 평가자는 능력단위 보험자대위의 수행준거에 제시되어 있는 내용을 평가하기 위해 이론과 실기를 나누어 평가하거나 종합적인 결과물의 평가 등 다양한 평가 방법을 사용할 수 있다.
- 피 평가자의 과정평가 및 결과평가 방법

평가방법	평가유형	
	과정평가	결과평가
A. 포트폴리오		
B. 문제해결 시나리오		
C. 서술형시험		
D. 논술형시험		
E. 사례연구		
F. 평가자 질문		
G. 평가자 체크리스트	√	√
H. 피평가자 체크리스트	√	
I. 일지/저널		
J. 역할연기		
K. 구두발표		
L. 작업장평가		
M. 기타		

평가시 고려사항

- 수행준거에 제시되어 있는 내용을 성공적으로 수행할 수 있는지를 평가해야 한다.
- 평가자는 다음 사항을 평가해야 한다.
  - 잔존물 평가능력
  - 잔존물 처리기준의 이해
  - 구상채권 확정능력

- 민사소송법 및 소송절차법
- 소송전략 수립능력
- 채권확보를 위한 보존절차의 이해
- 공·경매 절차 및 방법에 대한 지식

◉ 직업기초능력

순 번	직업기초능력	
	주요영역	하위영역
1	자원관리능력	물적자원관리능력
2	수리능력	기초연산능력
3	문제해결능력	사고력, 문제처리능력
4	직업윤리	근로윤리
5	정보능력	정보처리능력

◉ 개발 이력

구 분		내 용
직무명칭		재물손해사정
분류번호		0302030107_14v1
개발연도	현재	2014
	…	
	2차	
	최초(1차)	2014
버전번호		V1(신규)
개 발 자	현재	보험연수원
	…	
	2차	
	최초(1차)	보험연수원
향후 보완 연도(예정)		2017~2019

분류번호 : 0302030108_14v1
능력단위 명칭 : 재보험
능력단위 정의 : 재보험은 위험분산을 위하여 재보험 계약내용 확인, 손해사고 통지, 재보험금을 회수하는 능력이다.

능력단위요소	수 행 준 거

0302030108_14v1.1
재보험 계약내용 확인하기
	1.1 재보험 계약내용에 따라 다양한 형태의 재보험 유형을 체계적으로 파악할 수 있다.
	1.2 재보험 계약내용에 따라 회수 가능한 재보험금을 산출할 수 있다.
	1.3 재보험 계약내용에 따라 재보험 회수 업무절차를 수립할 수 있다.
	【지 식】
	  ○ 재보험 계약
	  ○ 재보험이해
	  ○ 재보험 약관
	【기 술】
	  ○ 분석 능력
	  ○ 기획 능력
	  ○ 정보조사 능력
	【태 도】
	  ○ 업무지침 준수
	  ○ 성실한 태도
	  ○ 객관성 유지

0302030108_14v1.2
손해사고 통지하기
	2.1 손해사고 발생 시 내용을 요약하고 정리하여 손해사고 발생 보고서(영문)를 작성할 수 있다.
	2.2 진행사고 보고 시 그 내용과 추정손해액을 요약하여 보고서(영문)를 작성할 수 있다.
	2.3 재보험자의 문의 시 재보험자에게 영문서한을 작성할 수 있다.
	【지 식】
	  ○ 재보험
	  ○ 영문 비즈니스 문서 작성
	【기 술】
	  ○ 영어회화 능력
	  ○ 영문보고서 작성 능력
	  ○ 전산시스템 활용 능력
	【태 도】
	  ○ 업무지침 준수
	  ○ 객관성 유지
	  ○ 약정사항 준수

능력단위요소	수행준거
0302030108_14v1.3 재보험금 회수하기	3.1 보험금 지급 시 보험금 지급사항을 최종적으로 정리하여 보고서(영문)를 작성할 수 있다. 3.2 재보험금 분쟁 발생 시 관련 내용에 대한 영문서한을 작성할 수 있다. 3.3 재보험금의 청산 프로세스를 이해하고 미 청산 건을 파악할 수 있다.

	【지 식】
	  ○ 재보험 시장
	  ○ 재보험 회계
	  ○ 준거법
	【기 술】
	  ○ 협상 능력
	  ○ 시장통찰 능력
	  ○ 재보험 계약 분석 능력
	【태 도】
	  ○ 업무지침 준수
	  ○ 손익마인드 태도
	  ○ 문제개선 의지

◉ 적용범위 및 작업상황

고려사항

- 재보험 유형이란 비례적 재보험[특약 재보험(Q/S, Surlpus, F/O cover), 임의 재보험(FAC)], 비비례적 재보험[초과손해액재보험(XOL), 초과손해율재보험(XOLR)] 및 기타재보험(FINITE Reinsurance) 등을 말한다.
- 재보험 계약 내용 확인시 다음의 사항에 중점을 두고 검토한다.
  - 재보험 계약의 유형, 담보위험의 종류, 보상한도액, 공제금액, 재보험자별 인수비율, Cash Loss 조건, 자동복원조항의 유무 및 횟수, 기타 재보험 계약조건
- 손해사고 통지시에는 다음의 사항을 고려해야한다.
  - 신속한 사고통지
  - PLA, Interim, Final Report 순으로 진행
  - Cash Loss 해당여부

자료 및 관련 서류

- 재보험 Cover Note
- 청구서(Debit Note)
- 지급서(Credbit Note)

장비 및 도구

- 컴퓨터
- 계산기

재료

- 해당 없음

◉ 평가지침

평가방법

- 평가자는 능력단위 재보험의 수행준거에 제시되어 있는 내용을 평가하기 위해 이론과 실기를 나누어 평가하거나 종합적인 결과물의 평가 등 다양한 평가 방법을 사용할 수 있다.
- 피 평가자의 과정평가 및 결과평가 방법

평가방법	평가유형	
	과정평가	결과평가
A. 포트폴리오		
B. 문제해결 시나리오		
C. 서술형시험		
D. 논술형시험		
E. 사례연구		
F. 평가자 질문		
G. 평가자 체크리스트	√	√
H. 피평가자 체크리스트	√	
I. 일지/저널		
J. 역할연기		
K. 구두발표		
L. 작업장평가		
M. 기타		

평가시 고려사항

- 수행준거에 제시되어 있는 내용을 성공적으로 수행할 수 있는지를 평가해야 한다.
- 평가자는 다음 사항을 평가해야 한다.
  - 재보험지식
  - 영문독해능력
  - 영문보고서 작성능력
  - 영어 회화능력

◉ 직업기초능력

순번	직업기초능력	
	주요영역	하위영역
1	수리능력	기초연산능력, 기초통계능력
2	문제해결능력	사고력, 문제처리능력
3	정보능력	컴퓨터활용능력, 정보처리능력
4	조직이해능력	국제감각, 업무이해능력
5	대인관계능력	협상능력, 갈등관리능력

◉ 개발 이력

구 분		내 용
직무명칭		재물손해사정
분류번호		0302030108_14v1
개발연도	현재	2014
	…	
	2차	
	최초(1차)	2014
버전번호		V1(신규)
개 발 자	현재	보험연수원
	…	
	2차	
	최초(1차)	보험연수원
향후 보완 연도(예정)		2017~2019

분류번호 : 0302030109_14v1

능력단위 명칭 : 소송처리

능력단위 정의 : 소송처리는 보험분쟁 해결을 위하여 소송실익 검토, 소송진행 관리, 소송 사후를 관리하는 능력이다.

능력단위요소	수 행 준 거
0302030109_14v1.1 소송실익 검토하기	1.1 소송이 제기되었을 때 민사소송법에 따라 소송에 대응할 수 있다. 1.2 소송이 제기되었을 때 소송수행 지침에 따라 전략을 세울 수 있다. 1.3 소송실익을 검토할 때 기존판례를 참고하여 소송실익을 결정할 수 있다.
	【지 식】 ○ 민사소송법 지식 ○ 판례 【기 술】 ○ 분석 능력 ○ 보험금 심사 능력 ○ 정보조사 능력 ○ 보고서 작성 능력 【태 도】 ○ 손익마인드 태도 ○ 객관성 유지 ○ 논리적 사고 유지
0302030109_14v1.2 소송진행 관리하기	2.1 소송이 예상될 때 민사소송법에 따라 절차를 계획수립 할 수 있다. 2.2 채권파악을 요청받았을 때 채권법에 따라 채권존부를 분석할 수 있다. 2.3 조정을 요구받았을 때 민사조정규칙에 따라 조정대책을 수립할 수 있다.
	【지 식】 ○ 절차법 ○ 채권법 ○ 민사조정 규칙 【기 술】 ○ 요약정리 능력 ○ 직무관리 능력 ○ 의사결정 능력 ○ 커뮤니케이션 능력 【태 도】 ○ 성실한 태도

능력단위요소	수행준거
	○ 치밀함 유지 ○ 목표달성 의지
0302030109_14v1.3 소송사후 관리하기	3.1 승소했을 때 민사소송법에 따라 소송사후 관리절차를 수립할 수 있다. 3.2 소송사후 관리를 지시받았을 때 사내소송지침에 따라 손익을 판단할 수 있다. 3.3 판례적용을 요구받았을 때 기존 판례를 통하여 해당 판례의 적용여부를 결정할 수 있다.
	【지식】 ○ 절차법 ○ 회계지식 ○ 판례 【기술】 ○ 분석 능력 ○ 요약정리 능력 ○ 직무관리 능력 【태도】 ○ 성실함 유지 ○ 책임감 유지 ○ 문제개선 의지

◉ 적용범위 및 작업상황

고려사항

- 소송진행 시 다음 사항을 고려해야 한다.
- 소송실익 검토
    - 유사 판례의 존재여부 확인
    - 예상 판결금을 사전에 시뮬레이션
    - 당사자의 요구사항과 시뮬레이션 결과 비교
- 소송진행 시
    - 소송위임시 주요 쟁점 및 고려사항을 요약 제공
    - 소송진행 내용(변론)을 수시 점검
- 소송사후 관리 시
    - 판결내용을 검토 항소 또는 상고 여부 결정
    - 판결내용을 토대로 지급보험금 계산
    - 법무법인과 소송사후 업무진행 협의

자료 및 관련 서류

- 소장
- 변론기일 통지서
- 유사판례
- 민사소송법

장비 및 도구

- 컴퓨터
- 계산기

재료

- 해당 없음

◉ 평가지침

평가방법

- 평가자는 능력단위 소송처리의 수행준거에 제시되어 있는 내용을 평가하기 위해 이론과 실기를 나누어 평가하거나 종합적인 결과물의 평가 등 다양한 평가 방법을 사용할 수 있다.
- 피 평가자의 과정평가 및 결과평가 방법

평가 방법	평가 유형	
	과정평가	결과평가
A. 포트폴리오		
B. 문제해결 시나리오		
C. 서술형시험		
D. 논술형시험		
E. 사례연구		√
F. 평가자 질문	√	
G. 평가자 체크리스트	√	√
H. 피평가자 체크리스트	√	
I. 일지/저널		
J. 역할연기		
K. 구두발표		
L. 작업장평가		
M. 기타		

평가시 고려사항

- 수행준거에 제시되어 있는 내용을 성공적으로 수행할 수 있는지를 평가해야 한다.
- 평가자는 다음 사항을 평가해야 한다.
  - 소송절차법
  - 유사판례지식
  - 법무법인 협상 및 관리능력

◉ 직업기초능력

순 번	직업기초능력	
	주요영역	하위영역
1	직업윤리	근로윤리
2	문제해결능력	사고력, 문제처리능력
3	대인관계능력	협상능력, 갈등관리능력
4	의사소통능력	문서이해능력
5	정보능력	정보처리능력

◉ 개발 이력

구 분		내 용
직무명칭		재물손해사정
분류번호		0302030109_14v1
개발연도	현재	2014
	…	
	2차	
	최초(1차)	2014
버전번호		V1(신규)
개 발 자	현재	보험연수원
	…	
	2차	
	최초(1차)	보험연수원
향후 보완 연도(예정)		2017~2019

분류번호 : 0302030110_14v1

능력단위 명칭 : 재물손해사정 기획관리

능력단위 정의 : 재물손해사정 기획관리는 손해사정업의 성장과 발전을 위하여 손해사정 기획, 교육관리, 조직을 관리하는 능력이다.

능력단위요소	수 행 준 거
0302030110_14v1.1 손해사정 기획하기	1.1 손해사정 기획 전략 수립이 필요할 때 사업전략 특성 파악에 도움이 되는 다양한 자료를 수집할 수 있다. 1.2 보험시장 원리와 관련된 중장기 목표에 따라 현재 손해사정업무의 전략을 기획할 수 있다. 1.3 경영자의 요구에 따라 손해사정 기획에서 요구되는 통계적 자료를 분석하여 미래시장을 파악할 수 있다. 【지 식】 ○ 사업전략 특성 ○ 보험 시장 원리 ○ 통계 【기 술】 ○ 시장통찰 능력 ○ 전략제시 능력 ○ 의사결정 능력 【태 도】 ○ 경영마인드 태도 ○ 창의적인 태도 ○ 유연한 태도
0302030110_14v1.2 교육 관리하기	2.1 미래손해사정 기획전략 수립이 필요할 때 조직의 비전과 중장기 목표에 따라 관련 교육과정을 개발할 수 있다. 2.2 손해사정 업무처리기준에 따라 사례연구를 수집하여 교육을 실시할 수 있다. 2.3 손해사정 전문가가 요구되어 질 때 관련 전문가 양성과정을 개설하여 운영할 수 있다. 【지 식】 ○ 손해사정 교육 ○ 사례연구 ○ 교육과정개발 【기 술】 ○ 교육과정 개발 능력 ○ 컨텐츠 개발 능력 ○ 손해사정 시장 이해 능력 【태 도】

능력단위요소	수 행 준 거
	○ 논리적 사고 유지 ○ 창의적 태도 ○ 직업 윤리적 태도
0302030110_14v1.3 조직 관리하기	3.1 경영자의 전략수립이 요구될 때 손해사정 관리를 위한 직원 육성 중장기 계획을 수립하여 실시할 수 있다. 3.2 경영자의 전략 수립이 요구 될 때 손해사정 관리를 위한 분기별 성과평가를 분석할 수 있다. 3.3 손해사정 관리를 위한 중장기 전략수립이 요구될 때 조직의 비전 및 중장기 목표에 따라 조직 관리에 대한 전략을 세울 수 있다.
	【지 식】 ○ 조직관리 ○ 성과평가 ○ 직원육성 【기 술】 ○ 리더십 능력 ○ 조직 운영 능력 ○ 직무향상 이해 능력 ○ 목표관리 능력 【태 도】 ○ 유연한 대인관계 태도 ○ 공정성 유지 태도 ○ 다양성 수용 태도 ○ 목표달성 의지

◉ 적용범위 및 작업상황

고려사항

- 이 능력단위는 손해사정 기획, 교육관리, 조직관리 등에 적용된다.
- 재물손해사정 기획관리 시 다음 사항을 고려해야 한다.
  - 손해사정 기획시 사업전략 특성, 보험시장 원리, 통계지식
  - 교육관리 시 손해사정 교육목표, 교육내용, 사례연구, 교육과정개발, 교육대상자 별 분류, 강사
  - 조직관리 시 핵심인재관리, 성과평가, 직원 육성 등

자료 및 관련 서류

- 손해사정 사업전략 보고서
- 보험시장의 중·장기 추세 분석 자료
- 경영자의 요구 분석 자료
- 손해사정 업무처리 연구 사례 자료
- 손해사정 전문가 양성과정 자료
- 손해사정의 직원 육성 중·장기 계획서
- 조직의 비전과 중·장기 목표 자료
- 조직의 분기별 성과 분석 자료

장비 및 도구

- 컴퓨터
- 프린터
- 인터넷
- 복사기
- 각종 해석 프로그램

- 교육장
- 교재
- 빔프로젝트

재료

- 해당 없음

◉ 평가지침

평가방법

- 평가자는 능력단위 재물손해사정 기획관리의 수행준거에 제시되어 있는 내용을 평가하기 위해 이론과 실기를 나누어 평가하거나 종합적인 결과물의 평가 등 다양한 평가 방법을 사용할 수 있다.
- 피 평가자의 과정평가 및 결과평가 방법

평가 방법	평가 유형	
	과정평가	결과평가
A. 포트폴리오		
B. 문제해결 시나리오		
C. 서술형시험		
D. 논술형시험		
E. 사례연구		
F. 평가자 질문		√
G. 평가자 체크리스트	√	√
H. 피평가자 체크리스트	√	
I. 일지/저널		
J. 역할연기		
K. 구두발표		
L. 작업장평가		
M. 기타		

평가시 고려사항

- 수행준거에 제시되어 있는 내용을 성공적으로 수행할 수 있는지를 평가해야 한다.
- 평가자는 다음사항을 평가해야 한다.
  - 손해사정전략 기획능력
  - 손해사정관련 통계자료분석능력
  - 교육과정 관리능력

- 조직KPI 설정능력

• 능력단위요소별 평가사항은 다음과 같다.

능력단위요소	평가 사항
손해사정 기획하기	○ 사업전략특성에 대한 이해 ○ 보험시장원리에 대한 지식 ○ 손해사정 기획통계자료 지식
교육관리하기	○ 손해사정 직원육성 중장기 계획지식 ○ 손해사정 사례연구 지식 ○ 교육과정개발 이론
조직관리하기	○ 조직의 비전과 중장기목표 ○ 조직 KPI(Key Performance Indicator) 등 성과평가에 대한 이해 ○ 조직관리론 이해

◉ 직업기초능력

순 번	직업기초능력	
	주요영역	하위영역
1	문제해결능력	사고력
2	자기개발능력	경력개발능력
3	자원관리능력	예산자원관리능력, 인적자원관리능력, 물적자원관리능력
4	조직이해능력	조직체제이해능력, 경영이해능력
5	직업윤리	근로윤리, 공동체윤리

◉ 개발 이력

구 분		내 용
직무명칭		재물손해사정
분류번호		0302030110_14v1
개발연도	현재	2014
	…	
	2차	
	최초(1차)	2014
버전번호		V1(신규)
개 발 자	현재	보험연수원
	…	
	2차	
	최초(1차)	보험연수원
향후 보완 연도(예정)		2017~2019

3. 관련자격 개선 의견(직무별 능력단위)

능력단위	국가직무 능력 표준수준	관련자격	개선의견
계약내용 확인	6	무역관리사및 무역영어 (한국무역협회, 민간)	○ 보험계약사항 법규확인 등 능력단위 업무수행과 관련하여 특히 해상 또는 항공보험의 경우에는 대부분의 보험계약서 및 약관 그리고 관련법률 등이 영어로 되어있다. 따라서 이러한 영어 문서의 독해 및 작성 능력, 의사소통능력을 배양하고, 발전시키기 위해서는 관련 자격이 필요함. ○ 특히 해상 및 항공관련된 사항은 무역과 관련이 있으므로 영어 문서의 독해 및 작성과 관련된 유사 민간자격증으로 한국무역협회에서 실시하는 무역관리사 및 무역영어 자격증이 있다. ○ 따라서 원활한 재물손해사정직무 수행을 위해 기초적으로 보험분야의 특수성을 테스트할 수 있는 무역관련 기본 지식과 무역기초 영문용어를 테스트할 수 있는 "보험영어" 국가자격증 제도를 신설하는 것이 필요하다.
현장조사	5		
손해액 산정	6		
보험금 사정	7		
보험자대위	6		
재보험	7		
소송처리	7		

능력단위	국가직무 능력 표준수준	관련자격	개선의견
계약내용 확인	6	현재: 없음	○ 보험가액 손해액산정, 보험금 사정, 재보험, 손해사정 기획 관리 능력단위 업무수행을 위해서는 기본적으로 보험목적물의 가치를 평가할 수 있는 회계지식과 현장조사에 대한 전문지식을 가진 실무자가 필요하다. ○ 이를 위해 보험분야의 특수성을 감안해 일반 실무자로 "손해사정사 보조인"을 운영하고 있지만, 전문적으로 손해사정사 현장조사 업무를 지원하고 실무업무를 전문화할 수 있는 "보험사고 조사인" 국가자격이 필요하다.
사고접수	4		
현장조사	5		
손해액 산정	6		

능력단위	국가직무 능력 표준수준	관련자격	개선의견
계약내용 확인	6	경영법무관리사 (로엔비, 민간)	○ 보험계약사항 법규확인, 민원, 소송과 관련된 능력단위 업무를 수행하기 위해서는 기본적인 법률에 관한 지식과 아울러 법률규정의 활용 그리고 소송진행, 민원처리와 관련된 일반적인 업무원리를 숙지하고 있어야 한다. 따라서 보험분야의 전문성을 감안해 이를 대체할 수 있는 관련 "보험법무사" 국가자격증 신설이 필요하다.
민원처리	6		
소송처리	7		

능력단위	국가직무 능력 표준수준	관련자격	개선의견
사고접수	4	없음	○ 보험사고접수 능력단위 업무수행을 위해 "보험사고 상담사"라는 자격이 필요하다. 보험사고는 다른 사고와 달리 보험에 대한 전문적인 지식과 상담의 기법이 필요하다. ○ 나아가 보험종목별 보상절차까지도 알려주어야 할 필요성이 있고, 현장상황에 대한 초동조치사항까지도 지시해야 하는 상황도 발생한다. 이를 위해서는 초기 사고상담에 대해 전문적인 상담이 가능한 "보험사고 상담사"의 도입 필요성이 있다.

공통 : NCS 인프라구축 House전략에 따라 해당 관련 업무분야에서 일정기간 이상 업무를 수행한 경력자의 경우 평생경력개발 차원에서 관련자격을 부여가 필요하다.

활.용.패.키.지

1 평생경력개발 경로

1 개발목적
○ 산업현장의 근로자를 경력개발, 채용·승진 등 인사관리를 위하여 국가직무능력표준에 따라 경력개발경로 콘텐츠* 개발
  * 국가직무능력표준 개발시 평생경력개발경로 모형, 직무기술서, 채용·배치·승진 체크리스트, 자가진단도구 개발

2 활용대상

활용콘텐츠 개발	활용대상
평생경력개발경로 모형	사업체, 근로자
직무기술서	사업체
채용·배치·승진 체크리스트	사업체
자가진단도구	근로자

3 활용방법
○ 평생경력개발 콘텐츠의 내용과 사업체의 경력개발경로, 직무기술서 등을 비교·분석
○ 평생경력개발 콘텐츠를 그대로 활용하거나 변형하여 활용
  - 콘텐츠의 내용이 사업체의 경력개발경로 등이 유사한 경우에는 그대로 개발된 콘텐츠를 그대로 활용 11
  - 콘텐츠의 내용이 사업체와 일부 상이한 경우에는 사업체의 특성에 맞게 콘텐츠의 내용을 변경하여 활용

4 기대효과

1. 평생경력개발경로 모형

1-1. 능력단위 구조도

직능수준 \ 직능유형	재물손해사정	차량손해사정	신체손해사정
8	재물손해사정 기획 관리	차량손해사정 기획 관리	신체손해사정 기획 관리
7	보험금 사정 재보험 소송 처리	손해액 산정	재보험
6	계약내용 확인 손해액 산정 민원 처리 보험자 대위	피해물 관리 구상처리 민원처리	소송처리 구상처리
5	현장조사	현장조사	민원 처리 메디칼 심사 보험금 심사 배상책임 보험금 심사
4	사고접수	고객안내 서비스	현장조사
3		사고접수 계약내용 확인	보험사고 접수

1-2. 평생경력개발 체계도

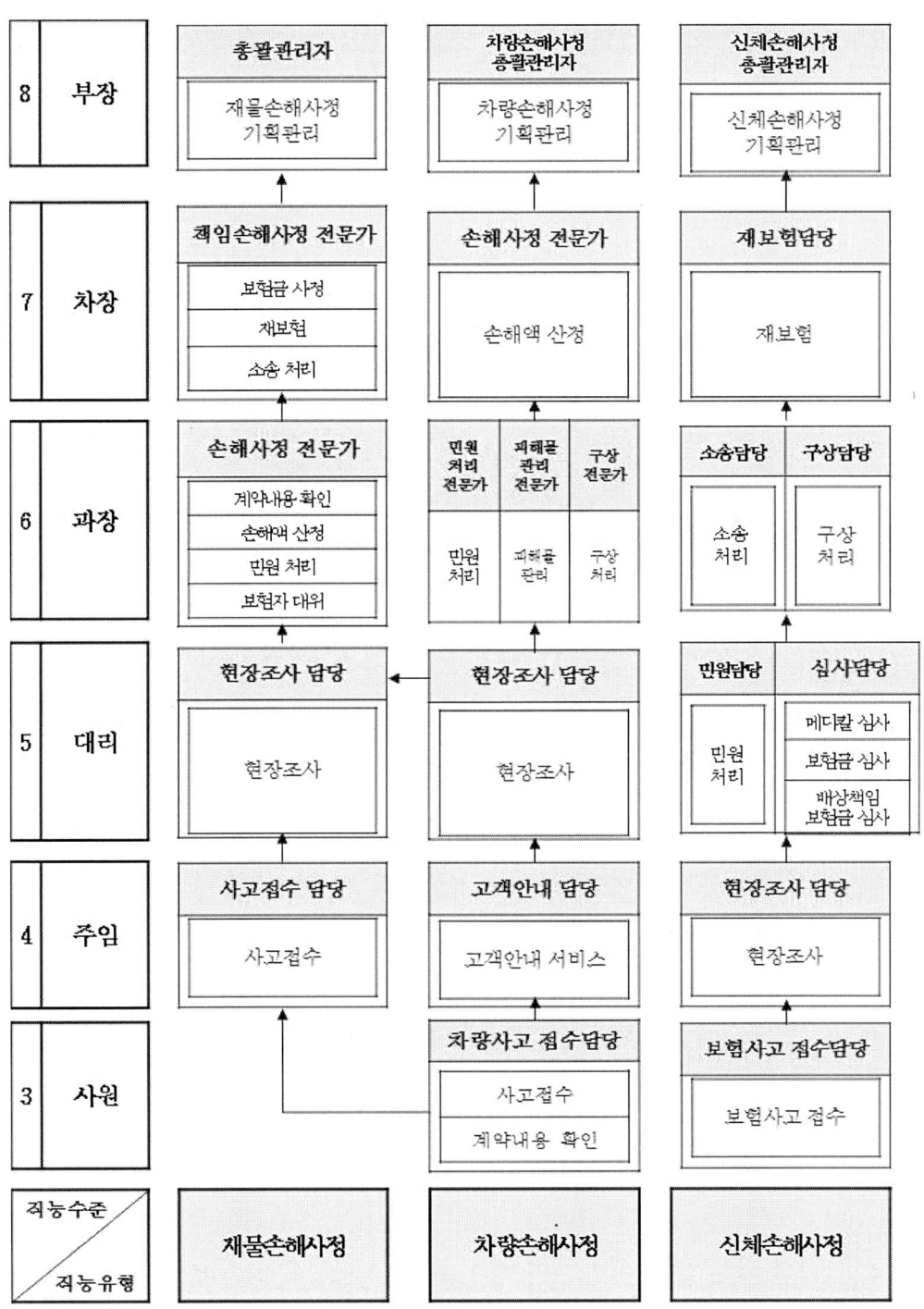

1-3. 평생경력개발경로

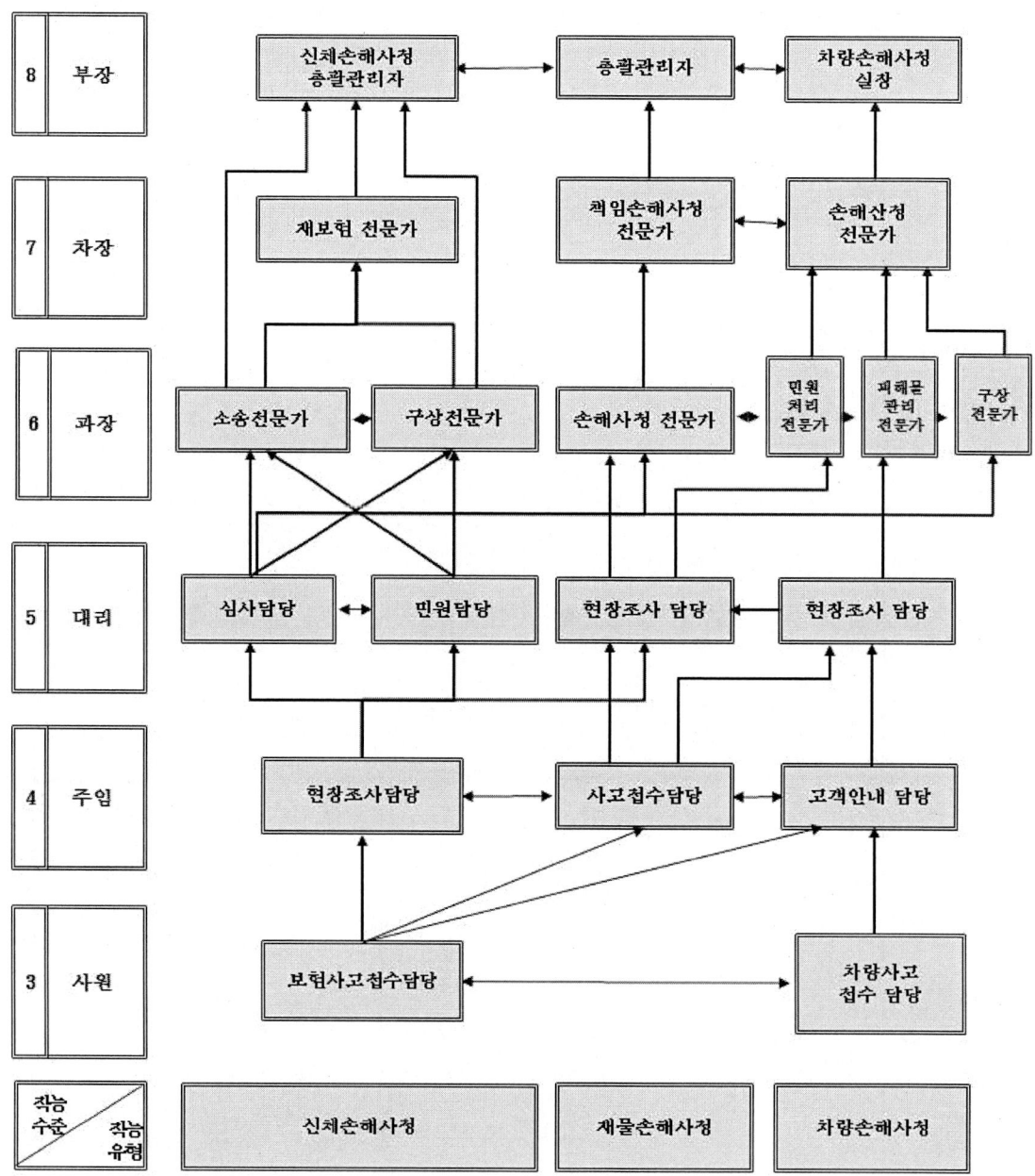

2) 재물손해사정분야는 직무정의서에서 정의되었듯이, 1. 화재특종, 2. 배상책임, 3. 해상·항공보험으로 구성되었고 이러한 3분야로 대변된다. 재물손해사정분야는 차량 및 신체손해사정분야와 비교하여 담보종류 및 범위가 상당히 광범위하므로, 단순한 상호비교는 무리가 있으므로 이점을 충분히 고려하여 보험종목별 공통점을 기준으로 직무를 표준화하였다.

2. 직무기술서

2-1. 직무기술서 개요

○ 개념 : 직무기술서는 해당 직무의 목적과 업무의 범위, 주요 책임, 요구받는 역할, 직무 수행 요건 등 직위에 관한 정보를 제시한 문서를 의미

○ 구성요소
 - 직무, 능력단위분류번호, 능력단위, 직무목적, 직무 책임 및 역할, 직무수행요건으로 구성
 - 추가 정보 제공을 위해 개발 날짜, 개발 기관을 추가 제시

구성요소	세부내용
능력단위분류번호	• 전체 직무 구조 관리를 위한 직무 고유의 코드번호
능력단위	• 수행하고자 하는 능력단위의 명칭
직무목적	• 직무를 수행함으로써 이루고자 하는 직무의 목적
개발날짜	• 개발된 년, 월, 일
개발기관	• 직무기술서를 개발한 기관
직무 책임 및 역할	• 직무에 대한 책임 및 역할 영역 분류 및 상세 내용
직무수행요건	• 직무를 수행하기 위하여 개인이 일반적으로 갖추어야 할 사항 - 학력, 자격증, 지식 및 스킬, 사전 직무경험, 직무숙련기간 등

☐ 직무 기본 정보

직 무	재물손해사정	능력단위분류번호	0302030101_14v1
		능 력 단 위	사고접수
직무 목적	보험사고의 손해사정을 위해서 사고내용 접수, 보상진행 안내, 초동조치를 안내할 수 있다.		
개발 날짜	2014-11-12	개 발 기 관	보험연수원

☐ 직무 책임 및 역할

주 요 업 무	책임 및 역할
사고내용 접수하기	· 고객 응대 시 고객의견을 경청하고 공감해 전화 상담을 친절하게 응대한다. · 사고접수 시 보험 상품별 보험약관 지급기준에 따라 보험사고 종류, 지급내용에 대해 분류한다. · 보험사고 업무처리 기준에 따라 필요한 보험금 청구서류를 안내하고 접수한다.
보상진행 안내하기	· 정해진 업무처리 기한 내에 통보대상 고객을 분류한다. · 사고대상 해당 보험 종목별 보상 절차를 설명 한다. · 업무처리 기준에 따라 수익자에게 보상진행내용을 친절히 안내 한다.
초동조치 안내하기	· 현장 상황에 따라 정확한 초동조치 사항을 안내한다. · 손해 유형에 따라 보험 목적물의 현장 보존방법을 안내한다. · 제3자 불법행위에 의한 사고일 경우 구상 정보를 협조 요청 한다.

□ 직무수행 요건

구 분	상 세 내 용	
학습경험	· 학사 수준	(전공: 전 학과)
	· 손해보험기초과정	(분야: 전 계열)
자 격 증	· 해당 없음	
지식·기술	【지 식】 ○ 고객응대 ○ 구상채권 ○ 보상절차 ○ 보상청구서류 ○ 보험 상품 ○ 보험계약 약관 ○ 보험목적물 ○ 현장보존 ○ 현장사용용어	【기 술】 ○ 경청 능력 ○ 논리적 설명 능력 ○ 문제발견 능력 ○ 분석능력 ○ 상담 능력 ○ 요약정리 능력 ○ 전화상담 능력 ○ 직무 능력 ○ 커뮤니케이션 능력
사전직무경험	· 민원처리 · 고객안내서비스 · 계약내용확인	
직무숙련기간	· 1년	

☐ 직무 기본 정보

직 무	재물손해사정	능력단위분류번호	0302030102_14v1
		능 력 단 위	계약내용 확인
직무 목적	보험사고의 보상여부를 확인하기 위하여 계약사항 확인, 보험약관 확인, 관련법규를 확인할 수 있다.		
개발 날짜	2014-11-12	개 발 기 관	보험연수원

☐ 직무 책임 및 역할

주 요 업 무	책임 및 역할
계약사항 확인하기	· 각 종목별 보험 증권의 계약내용을 파악한다. · 각 종목별 보험 증권의 계약내용이 사고와 관련성이 있는지를 확인하고 보고서를 작성한다. · 보험증권상에 규정되어 있는 기간 내에 보험 계약자에게 보험접수 여부를 통지한다.
보험약관 확인하기	· 보험증권의 보험조건에 따라 해당약관을 확인한다. · 보험증권상의 약관에 따라 보험적용여부를 결정한다. · 보험약관의 면책, 책임 제한 규정을 파악하고 관련 보고서를 작성한다.
보험종목별 관련법규 확인하기	· 보험종목별 관련 법규를 찾아내 적용한다. · 보험종목별 관련법규를 근거로 보험금 지급 가부에 대한 보고서를 작성한다. · 관련법규에 따른 보험금 지급범위를 결정하여 보고한다.

□ 직무수행 요건

구 분	상 세 내 용	
학습경험	• 학사 수준	(전공: 전 학과)
	• 손해사정사 과정	(분야: 전 계열)
자 격 증	• 현재: 무역관리사 및 무역영어(한국무역협회, 민간)	
지식·기술	【지 식】 ○ 보상계약법 ○ 보험계약 ○ 보험계약법 ○ 보험상품 ○ 보험업법 ○ 보험종목별 관련법규 ○ 보험종목별 약관 ○ 약관내용(보통, 특별)	【기 술】 ○ 관련법규 통합 능력 ○ 문제발견 능력 ○ 문제분석 능력 ○ 분석 능력 ○ 약관분석 능력 ○ 약관적용 능력 ○ 요약정리 능력 ○ 정보조사 능력
사전직무경험	• 언더라이팅 실무 • 건축/해기/기계/화공 등 산업현장 실무직무	
직무숙련기간	• 3년	

☐ 직무 기본 정보

직 무	재물손해사정	능력단위분류번호	0302030103_14v1
		능 력 단 위	현장조사
직무 목적	보험사고의 원인과 손해범위를 확인하기 위하여 사고관련자 면담, 사고현장 조사, 손해를 조사할 수 있다.		
개발 날짜	2014-11-12	개 발 기 관	보험연수원

☐ 직무 책임 및 역할

주요업무	책임 및 역할
사고관련자 면담하기	• 보험계약자와 상담할 때 고객의 의견을 경청하고 친절하게 응대한다. • 사고관련자와 면담할 때 육하원칙에 의거한 사고경위서를 징구한다. • 보험업법 규정에 따라 손해사정 선임에 대한 안내장을 징구한다.
사고현장 조사하기	• 신속한 피해조사를 통하여 현장 도면을 작성한다. • 보험종목별 목적물 특성에 맞는 전문적인 지식을 활용한 조사를 수행한다. • 전문지식을 활용하여 사고 현장에 대한 객관적인 사고원인에 대해 조사한다.
손해조사하기	• 보험종목별 특성에 따라 목적물의 손해상태를 상세하게 파악한다. • 손해유형별 조사기법에 따라 상세하고 객관적인 손해명세서를 작성한다. • 손해정도에 대한 이견발생시 합리적인 대안을 제시한다.

☐ 직무수행 요건

구 분	상 세 내 용	
학습경험	· 학사 수준	(전공: 전 학과)
	· 손해사정사과정 · 산업기사/해기사/무역실무 과정	(전공: 전 계열)
자 격 증	· 현재: 무역관리사 및 무역영어(한국무역협회, 민간)	
지식·기술	【지 식】 ○ 고객응대 지식 ○ 리스크 지식 ○ 배상책임에 대한 지식 ○ 보험종목별 목적물 지식 ○ 보험종목별 손익 지식 ○ 보험종목별 손해사정 절차 ○ 보험종목별 초동조치 지식 ○ 손해유형별 조사기법 지식 ○ 해상·항공보험에 대한 지식 ○ 화재·특종에 대한 지식	【기 술】 ○ 대인관리 능력 ○ 문제발견 능력 ○ 문제해결 능력 ○ 보고서 작성 능력 ○ 사고조사 기술 ○ 상담 능력 ○ 컴퓨터 활용 능력 ○ 피해물 분석 능력 ○ 현장분석 능력
사전직무경험	· 위험조사실무 · 건축/해기/기계/화공 등 산업현장 실무	
직무숙련기간	· 3년	

☐ 직무 기본 정보

직 무	재물손해사정	능력단위분류번호	0302030104_14v1
		능 력 단 위	손해액 산정
직무 목적	합리적 보험금 사정을 위하여 보험의 목적 확인, 손해액 산정, 보험가액을 평가할 수 있다.		
개발 날짜	2014-11-12	개 발 기 관	보험연수원

☐ 직무 책임 및 역할

주 요 업 무	책임 및 역할
보험의 목적 확인하기	• 사고접수 서류와 비교하여 보험증권 상에 부보된 보험목적물과 동일한 것인지 확인한다. • 보험목적물의 원래의 용도를 확인하고 다른 대체 물품이 있는지를 시장조사를 통하여 확인한다. • 보험가입시의 보험목적물 관련 자료와 시장환경을 조사하여 위험의 변동을 확인한다.
손해액 산정하기	• 현장조사 보고서를 토대로 보험증권 상의 조건에 따라 손해액과 손해범위를 확인한다. • 현장조사 보고서를 충분히 이해하여 현장 보고서의 오류와 부족한 점을 보완, 수정한다. • 보험당사자와 충분한 소통을 통하여 공정한 손해산정을 한다.
보험가액 평가하기	• 시장정보조사를 통해 합리적인 보험가액을 산정한다. • 보험 목적물의 특성에 따라 보험종목별 보험가액평가를 한다. • 객관적 자료에 근거한 논리적 분석을 통해 시장가액과 평가가액의 차이에 의한 분쟁을 합리적으로 해결한다.

☐ 직무수행 요건

구 분	상 세 내 용	
학습경험	· 학사 수준	(전공: 전 학과)
	· 손해사정사 과정 · 산업기사/해기사/무역실무 과정	(분야: 전 계열)
자격증	· 현재: 무역관리사 및 무역영어(한국무역협회, 민간)	
지식·기술	【지 식】 ○ 배상책임 법률 ○ 배상책임 ○ 보험가액 ○ 보험목적물 관련시설 ○ 손해액 평가방법 ○ 시장가액 평가 ○ 원상복구 방법 ○ 종목별 목적물 ○ 평가기준 ○ 해상·항공보험 ○ 화재·특종 ○ 회계지식	【기 술】 ○ 목적물 분석 능력 ○ 보고서 작성 능력 ○ 분석 능력 ○ 설득 능력 ○ 시장통찰 능력 ○ 시장통찰 능력 ○ 요약정리 능력 ○ 정보조사 능력 ○ 통계능력
사전직무경험	· 현장조사실무	
직무숙련기간	· 3년	

☐ 직무 기본 정보

직 무	재물손해사정	능력단위분류번호	0302030105_14v1
		능 력 단 위	보험금 사정
직무 목적	합리적인 보험금 지급을 위하여 약관상 지급기준 확인, 면·부책 결정, 지급보험금을 산정할 수 있다.		
개발 날짜	2014-11-12	개 발 기 관	보험연수원

☐ 직무 책임 및 역할

주 요 업 무	책임 및 역할
약관상 지급기준 확인하기	· 보험종목별 약관상 지급기준 확인이 필요할 때 관련된 다양한 자료를 수집한다. · 현장 조사보고서를 충분히 이해하여 보험종목별 지급 기준을 명확히 파악한다. · 보험종목별 약관 숙지를 통해 지급기준을 수립한다.
면·부책결정하기	· 면·부책 판단이 필요할 때 사실관계 파악에 도움이 되는 다양한 자료를 수집한다. · 계약자와 면담 시 계약자 의견을 경청하고 면·부책 여부를 결정할 수 있다. · 면·부책을 계약자에게 통보할 때 유사한 사례에 대한 자료를 제시한다.
지급보험금 산정하기	· 보험금 사정을 위하여 현장손해 조사자와 논의를 통하여 사실관계를 명확하게 파악한다. · 보험금 안내가 계약자에게 필요할 때 손해사정 보고서를 제출하고 사정내역을 설명한다. · 손해사정 보고서를 근거로 지급보험금을 산정한다.

☐ 직무수행 요건

구 분	상 세 내 용	
학습경험	· 학사 수준	(전공: 전 학과)
	· 손해사정사 과정 · 산업기사/해기사/무역실무 과정	(분야: 전 계열)
자 격 증	· 현재: 무역관리사 및 무역영어(한국무역협회, 민간)	
지식·기술	【지 식】 ○ 공제조항 ○ 과실상계 ○ 면·부책 입증에 대한 지식 ○ 보상한도 ○ 보험계약법 ○ 보험금 산정 ○ 보험자 책임과 의무에 대한 지식 ○ 보험종목별 약관 ○ 회계지식	【기 술】 ○ 대인 설득 능력 ○ 보고서 작성 능력 ○ 보험금 심사 능력 ○ 사실관계 판단 능력 ○ 약관분석 적용 능력 ○ 의사결정 능력 ○ 정보정리 능력 ○ 체계화 능력 ○ 컴퓨터 활용 능력 ○ 현장보고서 분석 능력
사전직무경험	· 현장조사 · 계약내용확인 · 민원처리 · 보험자대위	
직무숙련기간	· 5년	

☐ 직무 기본 정보

직 무	재물손해사정	능력단위분류번호	0302030106_14v1
		능 력 단 위	민원처리
직무 목적	보험 분쟁을 해결하기 위하여 민원내용 확인, 민원관련자 면담, 수용여부를 결정할 수 있다.		
개발 날짜	2014-11-12	개 발 기 관	보험연수원

☐ 직무 책임 및 역할

주 요 업 무	책임 및 역할
민원내용 확인하기	· 민원이 접수되었을 때 민원의 요지를 요약하고 정리한다. · 클레임 처리 이력 파악을 통하여 손해사정 절차의 적정성 여부를 판단한다. · 대외 민원 접수 시 처리 기한과 업무 프로세스를 파악한다.
민원관련자 면담하기	· 민원 관련자 면담 시 면담 관련 추가 민원이 발생하지 않도록 상담한다. · 해당 보험 상품 지식을 통해 민원의 요지와 쟁점사항을 정리한다. · 민원 관련자 면담 시 민원인의 심리상태를 파악하고 대처한다.
수용여부 결정하기	· 다양한 보험 분쟁 사례의 검토를 통해 민원사안의 의사결정을 한다. · 감독당국 보험 분쟁조정 절차에 따라 보험분쟁 조정절차를 민원인에게 설명한다. · 보험회사 민원평가의 중요성을 고려하여 민원업무 처리 시 보험감독정책을 적용한다.

□ 직무수행 요건

구 분	상 세 내 용	
학습경험	• 학사 수준	(전공: 전 학과)
	• 손해사정사과정 • 소비자상담과정 • 산업기사/해기사/무역실무 과정	(분야: 전 계열)
자격증	• 해당 없음	
지식·기술	【지식】 ○ 고객응대 ○ 금융감독정책 ○ 민원처리 절차 ○ 보험분쟁조정 절차 ○ 보험상품 ○ 상담심리 ○ 소비자관련 법규 ○ 손해사정 절차 ○ 의사결정 원리 지식	【기술】 ○ 경청 능력 ○ 문제발견 능력 ○ 문제해결 능력 ○ 분석 능력 ○ 상담 능력 ○ 의사결정 능력 ○ 정보조사 능력 ○ 커뮤니케이션 능력 ○ 협상 능력
사전직무경험	• 현장조사 • 계약내용 확인 • 손해액 산정 • 보험자대위	
직무숙련기간	• 3년	

☐ 직무 기본 정보

직 무	재물손해사정	능력단위분류번호	0302030107_14v1
		능 력 단 위	보험자대위
직무 목적	이득금지 원칙을 실현하기 위하여 잔존물 매각, 구상채권 확정, 구상채권을 행사할 수 있다.		
개발 날짜	2014-11-12	개 발 기 관	보험연수원

☐ 직무 책임 및 역할

주 요 업 무	책임 및 역할
잔존물 매각하기	• 잔존물이 발생하였을 때 목적물대위 규정에 따라 매각한다. • 잔존물이 발생하였을 때 잔존물 처리기준에 따라 평가한다. • 잔존물 매각여부 검토 시 상법규정에 따라 법규를 적용한다.
구상채권 확정하기	• 보험계약 적용 시 당해 보험계약에 따라 계약을 분석한다. • 관련법규를 검토하라고 할 때 민사소송법에 따라 구상권 행사 여부를 결정한다. • 불법행위 규정에 따라 청구 범위를 확정한다.
구상채권 행사하기	• 소송절차에 대비하라고 요구받았을 때 소송절차법에 따라 사전에 구상전략을 기획한다. • 소송실익을 검토하라고 지시받았을 때 소송대응전략에 따라 소송전략을 수립한다. • 채권확보를 요구받았을 때 보전절차 실무에 따라 채권확보 조치를 취한다.

☐ 직무수행 요건

구 분	상 세 내 용	
학습경험	• 학사 수준	(전공: 전 학과)
	• 손해사정사과정 • 산업기사/해기사/무역실무 과정	(분야: 전 계열)
자 격 증	• 현재: 무역관리사 및 무역영어(한국무역협회, 민간)	
지식·기술	【지 식】 ○ 강제집행 절차 ○ 경·공매법률 ○ 민법(민법총칙, 불법행위, 채권법) ○ 민사소송법 ○ 보상약관 ○ 보험계약 ○ 불법행위 ○ 잔존목적물 이해 ○ 잔존물 매각 ○ 잔존물 매각 방법 ○ 회계지식	【기 술】 ○ 보고서 작성 능력 ○ 분석 능력 ○ 시장통찰 능력 ○ 의사결정 능력 ○ 정보조사 능력
사전직무경험	• 현장조사 • 계약내용확인 • 손해액산정 • 민원처리	
직무숙련기간	• 3년	

☐ 직무 기본 정보

직 무	재물손해사정	능력단위분류번호	0302030108_14v1
		능 력 단 위	재보험
직무 목적	위험분산을 위하여 재보험 계약내용 확인, 손해사고 통지, 재보험금을 회수할 수 있다.		
개발 날짜	2014-11-12	개 발 기 관	보험연수원

☐ 직무 책임 및 역할

주 요 업 무	책임 및 역할
재보험 계약내용 확인하기	· 재보험 계약내용에 따라 다양한 형태의 재보험 유형을 체계적으로 파악한다. · 재보험 계약내용에 따라 회수 가능한 재보험금을 산출한다. · 재보험 계약내용에 따라 재보험 회수 업무절차를 수립한다.
손해사고 통지하기	· 손해사고 발생 시 내용을 요약하고 정리하여 손해사고 발생 보고서(영문)를 작성한다. · 진행사고 보고 시 그 내용과 추정손해액을 요약하여 보고서(영문)를 작성한다. · 재보험자의 문의 시 재보험자에게 영문서한을 작성한다.
재보험금 회수하기	· 보험금 지급 시 보험금 지급사항을 최종적으로 정리하여 보고서(영문)를 작성한다. · 재보험금 분쟁 발생 시 관련 내용에 대한 영문서한을 작성한다. · 재보험금의 청산 프로세스에 따라 미 청산 건을 파악한다.

☐ 직무수행 요건

구 분	상 세 내 용	
학습경험	· 학사 수준	(전공: 전 학과)
	· 손해사정사과정, 재보험과정	(분야: 전 계열)
자 격 증	· 현재: 무역관리사 및 무역영어(한국무역협회, 민간)	
지식·기술	【지 식】 ○ 영문 비즈니스 문서 작성 ○ 재보험 계약 ○ 재보험 시장 ○ 재보험 약관 ○ 재보험 회계 ○ 재보험이해 ○ 준거법	【기 술】 ○ 기획 능력 ○ 분석 능력 ○ 시장통찰 능력 ○ 영문보고서 작성 능력 ○ 영어회화 능력 ○ 재보험 계약 분석 능력 ○ 전산시스템 활용 능력 ○ 정보조사 능력 ○ 협상 능력
사전직무경험	· 계약내용확인 · 손해액산정 · 보험금사정	
직무숙련기간	· 3년	

☐ 직무 기본 정보

직 무	재물손해사정	능력단위분류번호	0302030109_14v1
		능 력 단 위	소송 처리
직무 목적	보험 분쟁 해결을 위하여 소송실익 검토, 소송진행 관리, 소송 사후를 관리할 수 있다.		
개발 날짜	2014-11-12	개 발 기 관	보험연수원

☐ 직무 책임 및 역할

주요 업무	책임 및 역할
소송실익 검토하기	• 소송이 제기되었을 때 민사소송법에 따라 소송에 대응한다. • 소송을 제기되었을 때 소송수행 지침에 따라 전략을 세운다. • 소송실익을 검토할 때 기존판례를 참고하여 소송실익을 결정한다.
소송 진행 관리하기	• 소송이 예상될 때 민사소송법에 따라 절차를 계획수립 한다. • 채권파악을 요청받았을 때 채권법에 따라 채권존부를 분석한다. • 조정을 요구받았을 때 민사조정규칙에 따라 조정대책을 수립한다.
소송사후 관리하기	• 승소했을 때 민사소송법에 따라 소송사후 관리절차를 수립한다. • 소송사후 관리를 지시받았을 때 사내소송지침에 따라 손익을 판단한다. • 판례적용을 요구받았을 때 기존 판례를 통하여 해당 판례의 적용여부를 결정한다.

□ 직무수행 요건

구 분	상 세 내 용	
학습경험	· 학사 수준	(전공: 법학과, 보험학과)
	· 손해사정사과정, 소송실무과정	(분야: 법학계열)
자 격 증	· 현재: 무역관리사 및 무역영어(한국무역협회, 민간)	
지식·기술	【지 식】 ○ 민사소송법 지식 ○ 민사조정 규칙 ○ 절차법 ○ 채권법 ○ 판례 ○ 회계지식	【기 술】 ○ 보고서 작성 능력 ○ 보험금 심사 능력 ○ 분석 능력 ○ 요약정리 능력 ○ 의사결정 능력 ○ 정보조사 능력 ○ 직무관리 능력 ○ 커뮤니케이션 능력
사전직무경험	· 계약내용확인 · 손해액 산정 · 민원처리 · 보험자대위 · 보험금사정	
직무숙련기간	· 5년	

☐ 직무 기본 정보

직 무	재물손해사정	능력단위분류번호	0302030110_14v1
		능 력 단 위	재물손해사정 기획 관리
직무 목적	손해사정업의 성장과 발전을 위하여 손해사정 기획, 교육관리, 조직을 관리할 수 있다.		
개발 날짜	2014-11-12	개 발 기 관	보험연수원

☐ 직무 책임 및 역할

주 요 업 무	책임 및 역할
손해사정 기획하기	• 손해사정 기획 전략 수립이 필요할 때 사업전략 특성 파악에 도움이 되는 다양한 자료를 수집한다. • 보험시장 원리와 관련된 중장기 목표에 따라 현재 손해사정업무의 전략을 기획한다. • 경영자의 요구에 따라 손해사정 기획에서 요구되는 통계적 자료를 분석하여 미래 시장을 파악한다.
교육 관리하기	• 미래손해사정 기획전략 수립이 필요할 때 조직의 비전과 중장기 목표에 따라 관련 교육과정을 개발한다. • 손해사정 업무처리기준에 따라 사례연구를 수집하여 교육을 실시한다. • 손해사정 전문가가 요구되어 질 때 관련 전문가 양성과정을 개설하여 운영한다.
조직 관리하기	• 경영자의 전략수립이 요구될 때 손해사정 관리를 위한 직원 육성 중장기 계획을 수립하여 실시한다. • 경영자의 전략 수립이 요구 될 때 손해사정 관리를 위한 분기별 성과평가를 분석한다. • 손해사정 관리를 위한 중장기 전략수립이 요구될 때 조직의 비전 및 중장기 목표에 따라 조직 관리에 대한 전략을 세운다.

☐ 직무수행 요건

구 분	상 세 내 용	
학습경험	• 학사 수준	(전공: 전 학과)
	• 손해사정사 과정 • MBA과정	(분야: 전 계열)
자 격 증	• 해당 없음	
지식·기술	【지 식】 ○ 교육과정개발 ○ 보험 시장 원리 ○ 사례연구 ○ 사업전략 특성 ○ 성과평가 ○ 손해사정 교육 ○ 조직관리 ○ 직원육성 ○ 통계	【기 술】 ○ 교육과정 개발 능력 ○ 리더십 능력 ○ 목표관리 능력 ○ 손해사정 시장 이해 능력 ○ 시장통찰 능력 ○ 의사결정 능력 ○ 전략제시 능력 ○ 조직 운영 능력 ○ 직무향상 이해 능력 ○ 컨텐츠 개발 능력
사전직무경험	• 보험금사정 • 재보험 • 소송 처리 • 계약내용 확인 • 손해액 산정 • 민원처리 • 보험자대위 • 현장조사	
직무숙련기간	• 3년	

3. 채용·배치·승진 체크리스트

3-1. 채용·배치·승진체크리스트 개요

○ 개념 : 근로자를 채용하거나 배치하거나 승진시키기 위하여 각 개인이 해당 직급에서 요구되는 직업능력을 어느 정도 가지고 있는지 확인하기 위한 진단도구

○ 구성요소 : ① 목적, ② 직급명, ③ 인적사항, ④ 능력구분, ⑤ 평가영역, ⑥ 평가문항, ⑦ 답변기재란, ⑧ 평가결과로 구성

【 채용·배치·승진 체크리스트 구성요소 】

구성요소	세부내용
목적	• 평가를 실시하는 방향이나 이유로 채용, 배치, 승진이 있음
직급명	• 해당 조직에서 일의 종류나 난이도, 책임도 등의 유사성을 기준으로 구분한 등급
인적사항	• 평가하고자 하는 예비근로자 및 근로자의 성명, 직위, 성별 등과 같은 개인적 특성
능력구분	• 평가하고자 하는 직급에서 요구되는 직업능력의 구분(직업기초능력, 직무수행능력)
평가영역	• 직업기초능력과 직무수행능력의 하위영역
평가문항	• 예비근로자 및 근로자의 지식이나 활동을 측정하기 위한 측정가능하고 구체적인 문장
답변기재란	• 평가자가 평가문항을 읽고 평가대상자의 행동과 일치하는 정도에 직접 표기하는 부분
평가결과	• 기재한 답변을 합산하여 점수를 산출하고 해석

3-2. 채용·배치·승진체크리스트

목적 : ☐ 채용 ☐ 배치 ☐ 승진	총괄 관리자

이　름 :
직　위 :
성　별 :
특이사항 :

[직업기초능력]

평가영역	평가문항	매우 미흡	미흡	보통	우수	매우 우수
문제해결능력	업무와 관련된 문제를 인식하고 해결함에 있어 창조적, 논리적, 비판적으로 생각할 수 있다	①	②	③	④	⑤
자원관리능력	업무수행에 필요한 자본자원이 얼마나 필요한지를 확인하고, 이용 가능한 자본자원을 최대한 수집하여 실제 업무에 어떻게 활용할 것인지를 계획하고, 할당할 수 있다	①	②	③	④	⑤
	업무수행에 필요한 재료 및 시설자원이 얼마나 필요한지를 확인하고, 이용 가능한 재료 및 시설자원을 최대한 수집하여 실제 업무에 어떻게 활용할 것인지를 계획하고 할당할 수 있다	①	②	③	④	⑤
	업무수행에 필요한 인적자원이 얼마나 필요한지를 확인하고, 이용 가능한 인적자원을 최대한 수집하여 실제 업무에 어떻게 활용할 것인지를 계획하고, 할당할 수 있다	①	②	③	④	⑤
조직이해능력	업무 수행과 관련하여 조직의 체제를 올바르게 이해할 수 있다	①	②	③	④	⑤
	사업이나 조직의 경영에 대해 이해할 수 있다	①	②	③	④	⑤
자기개발능력	끊임없는 자기 개발을 위해서 동기를 갖고 학습할 수 있다	①	②	③	④	⑤
직업윤리	업무에 대한 존중을 바탕으로 근면하고 성실하고 정직하게 업무에 임할 수 있다	①	②	③	④	⑤
	인간 존중을 바탕으로 봉사하며, 책임 있고, 규칙을 준수하며 예의 바른 태도로 업무에 임할 수 있다	①	②	③	④	⑤

[직무수행능력]

평가 영역		평가 문항	매우 미흡	미흡	보통	우수	매우 우수
재물 손해 사정 기획 관리	손해사정 기획하기	• 손해사정 기획 전략 수립이 필요할 때 사업전략 특성 파악에 도움이 되는 다양한 자료를 수집할 수 있다.	①	②	③	④	⑤
		• 보험시장 원리와 관련된 중장기 목표에 따라 현재 손해사정업무의 전략을 기획할 수 있다.	①	②	③	④	⑤
		• 경영자의 요구에 따라 손해사정 기획에서 요구되는 통계적 자료를 분석하여 미래시장을 파악할 수 있다.	①	②	③	④	⑤
	교육 관리하기	• 미래손해사정 기획전략 수립이 필요할 때 조직의 비전과 중장기 목표에 따라 관련 교육과정을 개발할 수 있다.	①	②	③	④	⑤
		• 손해사정 업무처리기준에 따라 사례연구를 수집하여 교육을 실시할 수 있다.	①	②	③	④	⑤
		• 손해사정 전문가가 요구되어 질 때 관련 전문가 양성과정을 개설하여 운영할 수 있다.	①	②	③	④	⑤
	조직 관리하기	• 경영자의 전략수립이 요구될 때 손해사정 관리를 위한 직원 육성 중장기 계획을 수립하여 실시할 수 있다.	①	②	③	④	⑤
		• 경영자의 전략 수립이 요구 될 때 손해사정 관리를 위한 분기별 성과평가를 분석할 수 있다.	①	②	③	④	⑤
		• 손해사정 관리를 위한 중장기 전략수립이 요구될 때 조직의 비전 및 중장기 목표에 따라 조직 관리에 대한 전략을 세울 수 있다.	①	②	③	④	⑤

[평가결과]

영 역	점 수
직업기초능력	
직무수행능력	
합 계	

목적 : ☐ 채용 ☐ 배치 ☐ 승진	책임 손해사정 전문가

이 름 :
직 위 :
성 별 :
특이사항 :

[직업기초능력]

평 가 영 역	평 가 문 항	매우 미흡	미흡	보통	우수	매우 우수
수리능력	업무를 수행함에 있어 기초적인 사칙연산과 계산할 수 있다	①	②	③	④	⑤
	업무를 수행함에 있어 필요한 기초 수준의 백분율, 평균, 확률과 같은 통계능력이 있다	①	②	③	④	⑤
문제해결능력	업무와 관련된 문제를 인식하고 해결함에 있어 창조적, 논리적, 비판적으로 생각할 수 있다	①	②	③	④	⑤
	업무와 관련된 문제의 특성을 파악하고, 대안을 제시, 적용하고 그 결과를 평가하여 피드백 할 수 있다	①	②	③	④	⑤
정보능력	업무와 관련된 정보를 수집, 분석, 조직, 관리, 활용하는데 있어 컴퓨터를 사용할 수 있다	①	②	③	④	⑤
	업무와 관련된 정보를 수집하고, 이를 분석하여 의미 있는 정보를 찾아내며, 의미 있는 정보를 업무수행에 적절하도록 조직하고, 조직된 정보를 관리하며, 업무수행에 이러한 정보를 활용할 수 있다	①	②	③	④	⑤
조직이해능력	주어진 업무에 관한 국제적인 추세를 이해할 수 있다	①	②	③	④	⑤
	조직의 업무를 이해할 수 있다	①	②	③	④	⑤
대인관계능력	업무를 수행함에 있어 관련된 사람들 사이에 갈등이 발생하였을 경우 이를 원만히 조절할 수 있다	①	②	③	④	⑤
	업무를 수행함에 있어 다른 사람과 협상할 수 있다	①	②	③	④	⑤
의사소통능력	업무를 수행함에 있어 다른 사람이 작성한 글을 읽고 그 내용을 이해할 수 있다	①	②	③	④	⑤
	업무를 수행함에 있어 외국어로 의사소통할 수 있다	①	②	③	④	⑤
직업윤리	업무에 대한 존중을 바탕으로 근면하고 성실하고 정직하게 업무에 임할 수 있다	①	②	③	④	⑤
기술능력	업무 수행에 필요한 기술적 원리를 올바르게 이해할 수 있다	①	②	③	④	⑤

[직무수행능력]

평가 영역		평가 문항	매우 미흡	미흡	보통	우수	매우 우수
보험금 사정	약관상 지급기준 확인하기	· 보험종목별 약관상 지급기준 확인이 필요할 때 관련된 다양한 자료를 수집할 수 있다.	①	②	③	④	⑤
		· 현장조사보고서를 충분히 이해하여 보험종목별 지급 기준을 명확히 파악할 수 있다.	①	②	③	④	⑤
		· 보험종목별 약관 숙지를 통해 지급기준을 수립할 수 있다.	①	②	③	④	⑤
	면·부책 결정하기	· 면·부책 판단이 필요할 때 사실관계 파악에 도움이 되는 다양한 자료를 수집할 수 있다.	①	②	③	④	⑤
		· 계약자와 면담 시 계약자 의견을 경청하고 면·부책 여부를 결정할 수 있다.	①	②	③	④	⑤
		· 면·부책 여부를 계약자에게 통보할 때 유사한 사례에 대한 자료를 제시할 수 있다.	①	②	③	④	⑤
	지급보험금 산정하기	· 보험금 사정을 위하여 현장손해 조사자와 논의를 통하여 사실관계를 명확하게 파악할 수 있다.	①	②	③	④	⑤
		· 보험금 안내가 계약자에게 필요할 때 손해사정 보고서를 제출하고 사정내역을 설명할 수 있다.	①	②	③	④	⑤
		· 손해사정 보고서를 근거로 지급보험금을 산정할 수 있다.	①	②	③	④	⑤
재보험	재보험 계약내용 확인하기	· 재보험 계약내용에 따라 다양한 형태의 재보험 유형을 체계적으로 파악한다.	①	②	③	④	⑤
		· 재보험 계약내용에 따라 회수 가능한 재보험금을 산출한다.	①	②	③	④	⑤
		· 재보험 계약내용에 따라 재보험 회수 업무절차를 수립할 수 있다.	①	②	③	④	⑤
	손해사고 통지하기	· 손해사고 발생 시 내용을 요약하고 정리하여 손해사고 발생 보고서(영문)를 작성할 수 있다.	①	②	③	④	⑤
		· 보험금 지급 시 보험금 지급사항을 최종적으로 정리하여 보고서(영문)를 작성할 수 있다.	①	②	③	④	⑤
		· 진행사고 보고 시 그 내용과 추정손해액을 요약하여 보고서(영문)를 작성할 수 있다.	①	②	③	④	⑤
	재보험금 회수하기	· 재보험자의 문의 시 재보험자에게 영문서한을 작성할 수 있다.	①	②	③	④	⑤
		· 재보험금 분쟁 발생 시 관련 내용에 대한 영문서한을 작성할 수 있다.	①	②	③	④	⑤
		· 재보험금의 청산 프로세스에 따라 미 청산 건을 파악한다.	①	②	③	④	⑤
소송 처리	소송실익 검토하기	· 소송이 제기되었을 때 민사소송법에 따라 소송에 대응한다.	①	②	③	④	⑤
		· 소송을 제기되었을 때 소송수행 지침에 따라 전략을 세울 수 있다.	①	②	③	④	⑤
		· 소송실익을 검토할 때 기존판례를 참고하여 소송실익을 결정할 수 있다.	①	②	③	④	⑤

	소송 진행 관리하기	· 소송이 예상될 때 민사소송법에 따라 절차를 계획수립 할 수 있다.	①	②	③	④	⑤
		· 채권파악을 요청받았을 때 채권법에 따라 채권존부를 분석할 수 있다.	①	②	③	④	⑤
		· 조정을 요구받았을 때 민사조정규칙에 따라 조정대책을 수립할 수 있다.	①	②	③	④	⑤
	소송사후 관리하기	· 승소했을 때 민사소송법에 따라 소송사후 관리절차를 수립할 수 있다.	①	②	③	④	⑤
		· 소송사후 관리를 지시받았을 때 사내소송지침에 따라 손익을 판단할 수 있다.	①	②	③	④	⑤
		· 판례적용을 요구받았을 때 기존 판례를 통하여 해당 판례의 적용여부를 결정할 수 있다.	①	②	③	④	⑤

[평가결과]

영 역	점 수
직업기초능력	
직무수행능력	
합 계	

목적 : ☐ 채용 ☐ 배치 ☐ 승진	손해사정 전문가

이   름 :
직   위 :
성   별 :
특이사항 :

[직업기초능력]

평 가 영 역	평 가 문 항	매우 미흡	미흡	보통	우수	매우 우수
의사소통능력	업무를 수행함에 있어 다른 사람의 말을 듣고 그 내용을 이해할 수 있다	①	②	③	④	⑤
	업무를 수행함에 있어 자기가 뜻한 바를 말로 나타낼 수 있다	①	②	③	④	⑤
	업무를 수행함에 있어 외국어로 의사소통할 수 있다	①	②	③	④	⑤
	업무를 수행함에 있어 다른 사람이 작성한 글을 읽고 그 내용을 이해할 수 있다	①	②	③	④	⑤
대인관계능력	업무를 수행함에 있어 관련된 사람들 사이에 갈등이 발생하였을 경우 이를 원만히 조절할 수 있다	①	②	③	④	⑤
	업무를 수행함에 있어 다른 사람과 협상할 수 있다	①	②	③	④	⑤
	고객의 요구를 만족시키는 자세로 업무를 수행할 수 있다	①	②	③	④	⑤
문제해결능력	업무와 관련된 문제를 인식하고 해결함에 있어 창조적, 논리적, 비판적으로 생각할 수 있다	①	②	③	④	⑤
	업무와 관련된 문제의 특성을 파악하고, 대안을 제시, 적용하고 그 결과를 평가하여 피드백 할 수 있다	①	②	③	④	⑤
정보능력	업무와 관련된 정보를 수집, 분석, 조직, 관리, 활용하는데 있어 컴퓨터를 사용할 수 있다	①	②	③	④	⑤
	업무와 관련된 정보를 수집하고, 이를 분석하여 의미 있는 정보를 찾아내며, 의미 있는 정보를 업무수행에 적절하도록 조직하고, 조직된 정보를 관리하며, 업무 수행에 이러한 정보를 활용할 수 있다	①	②	③	④	⑤
기술능력	업무 수행에 필요한 기술적 원리를 올바르게 이해할 수 있다	①	②	③	④	⑤
	도구, 장치를 포함하여 업무 수행에 필요한 기술을 선택할 수 있다	①	②	③	④	⑤
직업윤리	업무에 대한 존중을 바탕으로 근면하고 성실하고 정직하게 업무에 임할 수 있다	①	②	③	④	⑤

	인간 존중을 바탕으로 봉사하며, 책임 있고, 규칙을 준수하며 예의 바른 태도로 업무에 임할 수 있다	①	②	③	④	⑤
자기개발능력	끊임없는 자기 개발을 위해서 동기를 갖고 학습할 수 있다	①	②	③	④	⑤
조직이해능력	조직의 업무를 이해할 수 있다	①	②	③	④	⑤
자원관리능력	업무수행에 필요한 재료 및 시설자원이 얼마나 필요한지를 확인하고, 이용 가능한 재료 및 시설자원을 최대한 수집하여 실제 업무에 어떻게 활용할 것인지를 계획하고 할당할 수 있다	①	②	③	④	⑤
수리능력	업무를 수행함에 있어 기초적인 사칙연산과 계산할 수 있다	①	②	③	④	⑤

[직무수행능력]

평가 영역		평가 문항	매우 미흡	미흡	보통	우수	매우 우수
계약 내용 확인	계약사항 확인하기	• 각 종목별 보험 증권의 계약내용을 파악할 수 있다.	①	②	③	④	⑤
		• 각 종목별 보험 증권의 계약내용이 사고와 관련성이 있는지를 확인하고 보고서를 작성할 수 있다.	①	②	③	④	⑤
		• 보험증권상에 규정되어 있는 기간 내에 보험 계약자에게 보험접수 여부를 통지할 수 있다.	①	②	③	④	⑤
	보험약관 확인하기	• 보험증권의 보험조건에 따라 해당약관을 확인한다.	①	②	③	④	⑤
		• 보험증권상의 약관에 따라 보험적용여부를 결정할 수 있다.	①	②	③	④	⑤
		• 보험약관의 면책, 책임 제한 규정을 파악하고 관련 보고서를 작성한다.	①	②	③	④	⑤
	보험종목별 관련법규 확인하기	• 보험종목별 관련 법규를 찾아내 적용할 수 있다.	①	②	③	④	⑤
		• 보험종목별 관련법규를 근거로 보험금 지급 가부에 대한 보고서를 작성할 수 있다.	①	②	③	④	⑤
		• 관련법규에 따른 보험금 지급범위를 결정하여 보고할 수 있다.	①	②	③	④	⑤
손해액 산정	보험의 목적 확인하기	• 사고접수서류와 비교하여 보험증권 상에 부보된 보험목적물과 동일한 것인지 확인할 수 있다.	①	②	③	④	⑤
		• 보험목적물의 원래의 용도를 확인하고 다른 대체물품이 있는지를 시장조사를 통하여 확인할 수 있다.	①	②	③	④	⑤
		• 보험가입시의 보험목적물 관련 자료와 시장환경을 조사하여 위험의 변동을 확인할 수 있다.	①	②	③	④	⑤
	손해액 산정하기	• 현장조사보고서를 토대로 보험증권 상의 조건에 따라 손해액과 손해범위를 확인할 수 있다.	①	②	③	④	⑤
		• 보험 목적물의 특성에 따라 보험종목별 보험가액 평가를 한다.	①	②	③	④	⑤
		• 객관적 자료에 근거한 논리적 분석을 통해 시장가액과 평가가액의 차이에 의한 분쟁을 합리적으로 해결한다.	①	②	③	④	⑤
	보험가액 평가하기	• 시장정보조사를 통해 합리적인 보험가액을 산정할 수 있다.	①	②	③	④	⑤
		• 보험목적물의 특성을 감안하여 보험종목별 보험가액평가를 할 수 있다.	①	②	③	④	⑤
		• 객관적 자료를 논리적으로 분석하여 시장가격과 보험가액의 차이에 의한 분쟁을 합리적으로 해결할 수 있다.	①	②	③	④	⑤
민원 처리	민원내용 확인하기	• 민원이 접수되었을 때 민원의 요지를 요약하고 정리할 수 있다.	①	②	③	④	⑤
		• 클레임 처리 이력 파악을 통하여 손해사정 절차의 적정성 여부를 판단할 수 있다.	①	②	③	④	⑤
		• 대외 민원 접수 시 처리 기한과 업무 프로세스를 파악할 수 있다.	①	②	③	④	⑤
	민원관련자 면담하기	• 민원 관련자 면담 시 면담 관련 추가 민원이 발생하지 않도록 상담할 수 있다.	①	②	③	④	⑤

		• 해당 보험 상품 지식을 통해 민원의 요지와 쟁점 사항을 정리할 수 있다.	①	②	③	④	⑤
		• 민원 관련자 면담 시 민원인의 심리상태를 파악하고 대처할 수 있다.	①	②	③	④	⑤
	수용여부 결정하기	• 다양한 보험 분쟁 사례의 검토를 통해 민원사안의 의사결정을 할 수 있다.	①	②	③	④	⑤
		• 감독당국 보험 분쟁조정 절차에 따라 보험분쟁 조정절차를 민원인에게 설명한다.	①	②	③	④	⑤
		• 보험회사 민원평가의 중요성을 고려하여 민원업무 처리 시 보험감독정책을 적용할 수 있다.	①	②	③	④	⑤
보험자 대위	잔존물 매각하기	• 잔존물이 발생하였을 때 목적물대위 규정에 따라 매각할 수 있다.	①	②	③	④	⑤
		• 잔존물이 발생하였을 때 잔존물 처리기준에 따라 평가할 수 있다.	①	②	③	④	⑤
		• 잔존물 매각여부 검토 시 상법규정에 따라 법규를 적용할 수 있다.	①	②	③	④	⑤
	구상채권 확정하기	• 보험계약 적용 시 당해 보험계약에 따라 계약을 분석할 수 있다.	①	②	③	④	⑤
		• 면·부책 검토 시 보험계약에 따라 계약을 분석할 수 있다.	①	②	③	④	⑤
		• 불법행위 규정에 따라 청구 범위를 확정할 수 있다.	①	②	③	④	⑤
		• 관련법규를 검토하라고 할 때 민사소송법에 따라 구상권 행사 여부를 결정할 수 있다.	①	②	③	④	⑤
	구상채권 행사하기	• 소송절차에 대비하라고 요구받았을 때 소송절차법에 따라 사전에 구상전략을 기획한다.	①	②	③	④	⑤
		• 소송실익을 검토하라고 지시받았을 때 소송대응전략에 따라 소송전략을 수립할 수 있다.	①	②	③	④	⑤
		• 채권확보를 요구받았을 때 보전절차 실무에 따라 채권확보 조치를 취한다.	①	②	③	④	⑤

[평가결과]

영 역	점 수
직업기초능력	
직무수행능력	
합 계	

목적 : ☐ 채용 ☐ 배치 ☐ 승진	현장조사 담당

이　　름 :
직　　위 :
성　　별 :
특이사항 :

[직업기초능력]

평 가 영 역	평 가 문 항	매우 미흡	미흡	보통	우수	매우 우수
대인관계능력	업무를 수행함에 있어 관련된 사람들 사이에 갈등이 발생하였을 경우 이를 원만히 조절할 수 있다	①	②	③	④	⑤
	업무를 수행함에 있어 다른 사람과 협상할 수 있다	①	②	③	④	⑤
	고객의 요구를 만족시키는 자세로 업무를 수행할 수 있다	①	②	③	④	⑤
의사소통능력	업무를 수행함에 있어 다른 사람의 말을 듣고 그 내용을 이해할 수 있다	①	②	③	④	⑤
	업무를 수행함에 있어 자기가 뜻한 바를 말로 나타낼 수 있다	①	②	③	④	⑤
	업무를 수행함에 있어 외국어로 의사소통할 수 있다	①	②	③	④	⑤
문제해결능력	업무와 관련된 문제를 인식하고 해결함에 있어 창조적, 논리적, 비판적으로 생각할 수 있다	①	②	③	④	⑤
	업무와 관련된 문제의 특성을 파악하고, 대안을 제시, 적용하고 그 결과를 평가하여 피드백 할 수 있다	①	②	③	④	⑤
직업윤리	업무에 대한 존중을 바탕으로 근면하고 성실하고 정직하게 업무에 임할 수 있다	①	②	③	④	⑤
수리능력	업무를 수행함에 있어 기초적인 사칙연산과 계산할 수 있다	①	②	③	④	⑤

[직무수행능력]

평가 영역		평가 문항	매우 미흡	미흡	보통	우수	매우 우수
현장 조사	사고관련자 면담하기	· 보험계약자와 상담할 때 고객의 의견을 경청하고 친절하게 응대할 수 있다.	①	②	③	④	⑤
		· 사고관련자와 면담할 때 육하원칙에 의거한 사고경위서를 징구할 수 있다.	①	②	③	④	⑤
		· 보험업법 규정에 따라 손해사정 선임에 대한 안내장을 징구할 수 있다.	①	②	③	④	⑤
	사고현장 조사하기	· 신속한 피해조사를 통하여 현장 도면을 작성한다.	①	②	③	④	⑤
		· 보험종목별 목적물 특성에 맞는 전문적인 지식을 활용한 조사를 수행할 수 있다.	①	②	③	④	⑤
		· 전문지식을 활용하여 사고 현장에 대한 객관적인 사고원인에 대해 조사한다.	①	②	③	④	⑤
	손해 조사하기	· 보험종목별 특성에 따라 목적물의 손해상태를 상세하게 파악할 수 있다.	①	②	③	④	⑤
		· 손해유형별 조사기법에 따라 상세하고 객관적인 손해명세서를 작성할 수 있다.	①	②	③	④	⑤
		· 손해정도에 대한 이견발생시 합리적인 대안을 제시할 수 있다.	①	②	③	④	⑤

[평가결과]

영 역	점 수
직업기초능력	
직무수행능력	
합 계	

목적 : ☐ 채용 ☐ 배치 ☐ 승진	사고접수 담당

이 름 :
직 위 :
성 별 :
특이사항 :

[직업기초능력]

평가 영역	평가 문항	매우 미흡	미흡	보통	우수	매우 우수
정보능력	업무와 관련된 정보를 수집, 분석, 조직, 관리, 활용하는데 있어 컴퓨터를 사용할 수 있다	①	②	③	④	⑤
의사소통능력	업무를 수행함에 있어 자기가 뜻한 바를 글로 나타낼 수 있다	①	②	③	④	⑤
	업무를 수행함에 있어 다른 사람의 말을 듣고 그 내용을 이해할 수 있다	①	②	③	④	⑤
	업무를 수행함에 있어 자기가 뜻한 바를 말로 나타낼 수 있다	①	②	③	④	⑤
대인관계능력	업무를 수행함에 있어 관련된 사람들 사이에 갈등이 발생하였을 경우 이를 원만히 조절할 수 있다	①	②	③	④	⑤
	고객의 요구를 만족시키는 자세로 업무를 수행할 수 있다	①	②	③	④	⑤
조직이해능력	업무 수행과 관련하여 조직의 체제를 올바르게 이해할 수 있다	①	②	③	④	⑤
직업윤리	업무에 대한 존중을 바탕으로 근면하고 성실하고 정직하게 업무에 임할 수 있다	①	②	③	④	⑤

[직무수행능력]

평가 영역		평가 문항	매우 미흡	미흡	보통	우수	매우 우수
사고 접수	사고내용 접수하기	• 고객 응대 시 고객의견을 경청하고 공감해 전화 상담을 친절하게 응대할 수 있다.	①	②	③	④	⑤
		• 사고접수 시 보험 상품별 보험약관 지급기준에 따라 보험사고 종류, 지급내용에 대해 분류할 수 있다.	①	②	③	④	⑤
		• 보험사고 업무처리 기준에 따라 필요한 보험금 청구서류를 안내하고 접수할 수 있다.	①	②	③	④	⑤
	보상진행 안내하기	• 정해진 업무처리 기한 내에 통보대상 고객을 분류할 수 있다.	①	②	③	④	⑤
		• 사고대상 해당 보험 종목별 보상 절차를 설명 할 수 있다.	①	②	③	④	⑤
		• 업무처리 기준에 따라 수익자에게 보상진행내용을 친절히 안내 할 수 있다.	①	②	③	④	⑤
	초동조치 안내하기	• 현장 상황에 따라 정확한 초동조치 사항을 안내할 수 있다.	①	②	③	④	⑤
		• 손해 유형에 따라 보험 목적물의 현장 보존방법을 안내할 수 있다.	①	②	③	④	⑤
		• 제3자 불법행위에 의한 사고일 경우 구상정보를 협조 요청 할 수 있다.	①	②	③	④	⑤

[평가결과]

영 역	점 수
직업기초능력	
직무수행능력	
합 계	

4. 자가진단도구

4-1. 자가진단도구 개요

○ 개념 : 업무를 성공적으로 수행하는데 요구되는 능력과 근로자 자신의 보유 능력을 비교·점검해 볼 수 있는 도구

○ 구성요소 : ① 번호체계, ② 진단항목, ③ 지시문, ④ 진단영역, ⑤ 진단문항, ⑥ 답변기재란, ⑦ 진단결과로 구성

【 자가진단도구의 구성요소 】

구성요소	세부내용
번호체계	• 직업능력 자가진단도구를 분류하기 위하여 직업능력별로 부여된 번호
진단항목	• 진단하고자 하는 직업능력명
지시문	• 진단문항을 읽고 답변을 기재하는 방법에 대한 안내문
진단영역	• 진단하고자 하는 직업능력을 구성하는 하위영역과 세부영역
진단문항	• 근로자(응답자)의 지식이나 활동을 측정하기 위한 측정가능하고 구체적인 문장
답변기재란	• 근로자(응답자)가 진단문항을 읽고 자신의 상황이나 생각과 일치하는 정도에 직접 표기하는 부분
진단결과	• 기재한 답변을 합산하여 점수를 산출하고 해석

| | 0302030101_14v1 | | 사고접수 | |

진단영역	진단문항	매우 미흡	미흡	보통	우수	매우 우수
사고내용 접수하기	1. 고객 응대 시 고객의견을 경청하고 공감해 전화 상담을 친절하게 응대할 수 있다.	①	②	③	④	⑤
	2. 나는 사고접수 시 보험 상품별 보험약관 지급기준에 따라 보험사고 종류, 지급내용에 대해 분류할 수 있다.	①	②	③	④	⑤
	3. 나는 보험사고 업무처리 기준에 따라 필요한 보험금 청구서류를 안내하고 접수할 수 있다.	①	②	③	④	⑤
보상진행 안내하기	1. 나는 정해진 업무처리 기한 내에 통보대상 고객을 분류할 수 있다.	①	②	③	④	⑤
	2. 나는 사고대상 해당 보험 종목별 보상 절차를 설명 할 수 있다.	①	②	③	④	⑤
	3. 나는 업무처리 기준에 따라 수익자에게 보상진행내용을 친절히 안내 할 수 있다.	①	②	③	④	⑤
초동조치 안내하기	1. 나는 현장 상황에 따라 정확한 초동조치 사항을 안내할 수 있다.	①	②	③	④	⑤
	2. 나는 손해 유형에 따라 보험 목적물의 현장 보존방법을 안내할 수 있다.	①	②	③	④	⑤
	3. 나는 제3자 불법행위에 의한 사고일 경우 구상정보를 협조 요청 할 수 있다.	①	②	③	④	⑤

[진단결과]

진단영역	문항 수	점 수	점수 ÷ 문항 수
사고내용 접수하기	3		
보상진행 안내하기	3		
초동조치 안내하기	3		
합 계	9		

☞ 자신의 점수를 문항 수로 나눈 값이 '3점' 이하에 해당하는 영역은 업무를 성공적으로 수행하는데 요구하는 능력이 부족한 것으로 교육훈련이나 개인학습을 통한 개발이 필요함.

| 0302030102_14v1 | 계약내용 확인 |

진단영역	진단문항	매우미흡	미흡	보통	우수	매우우수
계약사항 확인하기	1. 나는 각 종목별 보험 증권의 계약내용을 파악할 수 있다.	①	②	③	④	⑤
	2. 나는 각 종목별 보험 증권의 계약내용이 사고와 관련성이 있는지를 확인하고 보고서를 작성할 수 있다.	①	②	③	④	⑤
	3. 나는 보험증권상에 규정되어 있는 기간 내에 보험 계약자에게 보험접수 여부를 통지할 수 있다.	①	②	③	④	⑤
보험약관 확인하기	1. 나는 보험증권상의 보험조건에 따라 해당 약관을 확인할 수 있다.	①	②	③	④	⑤
	2. 나는 보험증권상의 약관에 따라 보험적용 여부를 결정할 수 있다.	①	②	③	④	⑤
	3. 나는 보험약관의 면책, 책임 제한 규정을 파악하고 관련 보고서를 작성할 수 있다.	①	②	③	④	⑤
보험 종목별 관련법규 확인하기	1. 나는 보험종목별 관련 법규를 찾아내 적용할 수 있다.	①	②	③	④	⑤
	2. 나는 보험종목별 관련법규를 근거로 보험금 지급 가부에 대한 보고서를 작성할 수 있다.	①	②	③	④	⑤
	3. 나는 관련법규에 따른 보험금 지급범위를 결정하여 보고할 수 있다.	①	②	③	④	⑤

[진단결과]

진단영역	문항 수	점 수	점수 ÷ 문항 수
계약사항 확인하기	3		
보험약관 확인하기	3		
보험종목별 관련법규 확인하기	3		
합 계	9		

☞ 자신의 점수를 문항 수로 나눈 값이 '3점' 이하에 해당하는 영역은 업무를 성공적으로 수행하는데 요구하는 능력이 부족한 것으로 교육훈련이나 개인학습을 통한 개발이 필요함.

	0302030103_14v1			현장조사			

진단영역	진단문항	매우 미흡	미흡	보통	우수	매우 우수
사고 관련자 면담하기	1. 나는 보험계약자와 상담할 때 고객의 의견을 경청하고 친절하게 응대할 수 있다.	①	②	③	④	⑤
	2. 나는 사고관련자와 면담할 때 육하원칙에 의거한 사고경위서를 징구할 수 있다.	①	②	③	④	⑤
	3. 나는 보험업법 규정에 따라 손해사정 선임에 대한 안내장을 징구할 수 있다.	①	②	③	④	⑤
사고현장 조사하기	1. 나는 신속한 피해조사를 통하여 현장 도면을 작성할 수 있다.	①	②	③	④	⑤
	2. 나는 보험종목별 목적물 특성에 맞는 전문적인 지식을 활용한 조사를 수행할 수 있다.	①	②	③	④	⑤
	3. 나는 전문지식을 활용하여 사고 현장에 대한 객관적인 사고원인에 대해 조사할 수 있다.	①	②	③	④	⑤
손해 조사하기	1. 나는 보험종목별 특성에 따라 목적물의 손해상태를 상세하게 파악할 수 있다.	①	②	③	④	⑤
	2. 나는 손해유형별 조사기법에 따라 상세하고 객관적인 손해명세서를 작성할 수 있다.	①	②	③	④	⑤
	3. 나는 손해정도에 대한 이견발생시 합리적인 대안을 제시할 수 있다.	①	②	③	④	⑤

[진단결과]

진단영역	문항 수	점 수	점수 ÷ 문항 수
사고 관련자 면담하기	3		
사고현장 조사하기	3		
손해 조사하기	3		
합 계	9		

☞ 자신의 점수를 문항 수로 나눈 값이 '3점' 이하에 해당하는 영역은 업무를 성공적으로 수행하는데 요구하는 능력이 부족한 것으로 교육훈련이나 개인학습을 통한 개발이 필요함.

| 0302030104_14v1 | 손해액 산정 |

진단영역	진단문항	매우 미흡	미흡	보통	우수	매우 우수
보험의 목적 확인하기	1. 나는 사고접수서류와 비교하여 보험증권 상에 부보된 보험목적물과 동일한 것인지 확인할 수 있다.	①	②	③	④	⑤
	2. 나는 보험목적물의 원래의 용도를 확인하고 다른 대체 물품이 있는지를 시장조사를 통하여 확인할 수 있다.	①	②	③	④	⑤
	3. 나는 보험가입시의 보험목적물 관련 자료와 시장환경을 조사하여 위험의 변동을 확인할 수 있다.	①	②	③	④	⑤
손해액 산정하기	1. 나는 현장조사보고서를 토대로 보험증권 상의 조건에 따라 손해액과 손해범위를 확인할 수 있다.	①	②	③	④	⑤
	2. 나는 현장조사보고서를 충분히 이해하여 보고서의 오류와 부족한 점을 보완, 수정할 수 있다.	①	②	③	④	⑤
	3. 나는 보험당사자와 충분한 소통을 통하여 공정한 손해산정을 할 수 있다.	①	②	③	④	⑤
보험가액 평가하기	1. 나는 시장정보조사를 통해 합리적인 보험가액을 산정할 수 있다.	①	②	③	④	⑤
	2. 나는 보험목적물의 특성에 따라 보험종목별 보험가액평가를 할 수 있다.	①	②	③	④	⑤
	3. 나는 객관적 자료에 근거한 논리적 분석을 통해 시장가액과 보험가액의 차이에 의한 분쟁을 합리적으로 해결할 수 있다.	①	②	③	④	⑤

[진단결과]

진단영역	문항 수	점 수	점수 ÷ 문항 수
보험의 목적 확인하기	3		
손해액 산정하기	3		
보험가액 평가하기	3		
합 계	9		

☞ 자신의 점수를 문항 수로 나눈 값이 '3점' 이하에 해당하는 영역은 업무를 성공적으로 수행하는데 요구하는 능력이 부족한 것으로 교육훈련이나 개인학습을 통한 개발이 필요함.

| | 0302030105_14v1 | | 보험금 사정 | |

진단영역	진단문항	매우미흡	미흡	보통	우수	매우우수
약관상 지급기준 확인하기	1. 나는 보험종목별 약관상 지급기준 확인이 필요할 때 관련된 다양한 자료를 수집할 수 있다.	①	②	③	④	⑤
	2. 나는 현장조사보고서를 충분히 이해하여 보험종목별 지급 기준을 명확히 파악할 수 있다.	①	②	③	④	⑤
	3. 나는 보험종목별 약관 숙지를 통해 지급기준을 수립할 수 있다.	①	②	③	④	⑤
면·부책 결정하기	1. 나는 면·부책 판단이 필요할 때 사실관계 파악에 도움이 되는 다양한 자료를 수집할 수 있다.	①	②	③	④	⑤
	2. 나는 계약자와 면담 시 계약자 의견을 경청하고 면·부책 여부를 결정할 수 있다.	①	②	③	④	⑤
	3. 나는 면·부책 여부를 계약자에게 통보할 때 유사한 사례에 대한 자료를 제시할 수 있다.	①	②	③	④	⑤
지급 보험금 산정하기	1. 나는 보험금 사정을 위하여 현장손해 조사자와 논의를 통하여 사실관계를 명확하게 파악할 수 있다.	①	②	③	④	⑤
	2. 나는 보험금 안내가 계약자에게 필요할 때 손해사정 보고서를 제출하고 사정내역을 설명할 수 있다.	①	②	③	④	⑤
	3. 나는 손해사정 보고서를 근거로 지급보험금을 산정할 수 있다.	①	②	③	④	⑤

[진단결과]

진단영역	문항 수	점 수	점수 ÷ 문항 수
약관상 지급기준 확인하기	3		
면·부책결정하기	3		
지급보험금 산정하기	3		
합 계	9		

☞ 자신의 점수를 문항 수로 나눈 값이 '3점' 이하에 해당하는 영역은 업무를 성공적으로 수행하는데 요구하는 능력이 부족한 것으로 교육훈련이나 개인학습을 통한 개발이 필요함.

| 0302030106_14v1 | 민원처리 |

진단영역	진단문항	매우 미흡	미흡	보통	우수	매우 우수
민원내용 확인하기	1. 나는 민원이 접수되었을 때 민원의 요지를 요약하고 정리할 수 있다.	①	②	③	④	⑤
	2. 나는 클레임 처리 이력 파악을 통하여 손해사정 절차의 적정성 여부를 판단할 수 있다.	①	②	③	④	⑤
	3. 나는 대외 민원 접수 시 처리 기한과 업무 프로세스를 파악할 수 있다.	①	②	③	④	⑤
민원 관련자 면담하기	1. 나는 민원 관련자 면담 시 면담 관련 추가 민원이 발생하지 않도록 상담할 수 있다.	①	②	③	④	⑤
	2. 나는 해당 보험 상품 지식을 통해 민원의 요지와 쟁점사항을 정리할 수 있다.	①	②	③	④	⑤
	3. 나는 민원 관련자 면담 시 민원인의 심리 상태를 파악하고 대처할 수 있다.	①	②	③	④	⑤
수용여부 결정하기	1. 나는 다양한 보험 분쟁 사례의 검토를 통해 민원사안의 의사결정을 할 수 있다.	①	②	③	④	⑤
	2. 나는 감독당국 보험 분쟁조정 절차에 따라 보험분쟁 조정절차를 민원인에게 설명할 수 있다.	①	②	③	④	⑤
	3. 나는 보험회사 민원평가의 중요성을 고려하여 민원업무 처리 시 보험감독정책을 적용할 수 있다.	①	②	③	④	⑤

[진단결과]

진단영역	문항 수	점 수	점수 ÷ 문항 수
민원내용 확인하기	3		
민원 관련자 면담하기	3		
수용여부 결정하기	3		
합 계	9		

☞ 자신의 점수를 문항 수로 나눈 값이 '3점' 이하에 해당하는 영역은 업무를 성공적으로 수행하는데 요구하는 능력이 부족한 것으로 교육훈련이나 개인학습을 통한 개발이 필요함.

| | 0302030107_14v1 | | 보험자대위 | | | | |

진단영역	진단문항	매우미흡	미흡	보통	우수	매우우수
잔존물 매각하기	1. 나는 잔존물이 발생하였을 때 목적물대위 규정에 따라 매각할 수 있다.	①	②	③	④	⑤
	2. 나는 잔존물이 발생하였을 때 잔존물 처리 기준에 따라 평가할 수 있다.	①	②	③	④	⑤
	3. 나는 잔존물 매각여부 검토 시 상법규정에 따라 법규를 적용할 수 있다.	①	②	③	④	⑤
구상채권 확정하기	1. 나는 보험계약 적용 시 당해 보험계약에 따라 계약을 분석할 수 있다.	①	②	③	④	⑤
	2. 나는 불법행위 규정에 따라 청구 범위를 확정할 수 있다.	①	②	③	④	⑤
	3. 나는 관련법규를 검토하라고 할 때 민사소송법에 따라 구상권 행사 여부를 결정할 수 있다.	①	②	③	④	⑤
구상채권 행사하기	1. 나는 소송절차에 대비하라고 요구받았을 때 소송절차법에 따라 사전에 구상전략을 기획할 수 있다.	①	②	③	④	⑤
	2. 나는 소송실익을 검토하라고 지시받았을 때 소송대응전략에 따라 소송전략을 수립할 수 있다.	①	②	③	④	⑤
	3. 나는 채권확보를 요구받았을 때 보전절차 실무에 따라 채권확보 조치를 취할 수 있다.	①	②	③	④	⑤

[진단결과]

진단영역	문항 수	점 수	점수 ÷ 문항 수
잔존물 매각하기	3		
구상채권 확정하기	3		
구상채권 행사하기	3		
합 계	9		

☞ 자신의 점수를 문항 수로 나눈 값이 '3점' 이하에 해당하는 영역은 업무를 성공적으로 수행하는데 요구하는 능력이 부족한 것으로 교육훈련이나 개인학습을 통한 개발이 필요함.

| 0302030108_14v1 | 재보험 |

진단영역	진단문항	매우 미흡	미흡	보통	우수	매우 우수
재보험 계약내용 확인하기	1. 나는 재보험 계약내용에 따라 다양한 형태의 재보험 유형을 체계적으로 파악할 수 있다.	①	②	③	④	⑤
	2. 나는 재보험 계약내용에 따라 회수 가능한 재보험금을 산출한다.	①	②	③	④	⑤
	3. 나는 재보험 계약내용에 따라 재보험 회수 업무절차를 수립할 수 있다.	①	②	③	④	⑤
손해사고 통지하기	1. 나는 손해사고 발생 시 내용을 요약하고 정리하여 손해사고 발생 보고서(영문)를 작성할 수 있다.	①	②	③	④	⑤
	2. 나는 보험금 지급 시 보험금 지급사항을 최종적으로 정리하여 보고서(영문)를 작성할 수 있다.	①	②	③	④	⑤
	3. 나는 진행사고 보고 시 그 내용과 추정손해액을 요약하여 보고서(영문)를 작성할 수 있다.	①	②	③	④	⑤
재보험금 회수하기	1. 나는 재보험자의 문의 시 재보험자에게 영문서한을 작성할 수 있다.	①	②	③	④	⑤
	2. 나는 재보험금 분쟁 발생 시 관련 내용에 대한 영문서한을 작성할 수 있다.	①	②	③	④	⑤
	3. 나는 재보험금의 청산 프로세스에 따라 미청산 건을 파악할 수 있다.	①	②	③	④	⑤

[진단결과]

진단영역	문항 수	점 수	점수 ÷ 문항 수
재보험 계약내용 확인하기	3		
손해사고 통지하기	3		
재보험금 회수하기	3		
합 계	9		

☞ 자신의 점수를 문항 수로 나눈 값이 '3점' 이하에 해당하는 영역은 업무를 성공적으로 수행하는데 요구하는 능력이 부족한 것으로 교육훈련이나 개인학습을 통한 개발이 필요함.

| 0302030109_14v1 | 소송 처리 |

진단영역	진단문항	매우 미흡	미흡	보통	우수	매우 우수
소송실익 검토하기	1. 나는 소송이 제기되었을 때 민사소송법에 따라 소송에 대응한다.	①	②	③	④	⑤
	2. 나는 소송을 제기되었을 때 소송수행 지침에 따라 전략을 세울 수 있다.	①	②	③	④	⑤
	3. 나는 소송실익을 검토할 때 기존판례를 참고하여 소송실익을 결정할 수 있다.	①	②	③	④	⑤
소송 진행 관리하기	1. 나는 소송이 예상될 때 민사소송법에 따라 절차를 계획수립 할 수 있다.	①	②	③	④	⑤
	2. 나는 채권파악을 요청받았을 때 채권법에 따라 채권존부를 분석할 수 있다.	①	②	③	④	⑤
	3. 나는 조정을 요구받았을 때 민사조정규칙에 따라 조정대책을 수립할 수 있다.	①	②	③	④	⑤
소송사후 관리하기	1. 나는 승소했을 때 민사소송법에 따라 소송사후 관리절차를 수립할 수 있다.	①	②	③	④	⑤
	2. 나는 소송사후 관리를 지시받았을 때 사내 소송지침에 따라 손익을 판단할 수 있다.	①	②	③	④	⑤
	3. 나는 판례적용을 요구받았을 때 기존 판례를 통하여 해당 판례의 적용여부를 결정할 수 있다.	①	②	③	④	⑤

[진단결과]

진단영역	문항 수	점 수	점수 ÷ 문항 수
소송실익 검토하기	3		
소송 진행 관리하기	3		
소송사후 관리하기	3		
합 계	9		

☞ 자신의 점수를 문항 수로 나눈 값이 '3점' 이하에 해당하는 영역은 업무를 성공적으로 수행하는데 요구하는 능력이 부족한 것으로 교육훈련이나 개인학습을 통한 개발이 필요함.

| 0302030110_14v1 | 재물손해사정 기획관리 |

진단영역	진단문항	매우 미흡	미흡	보통	우수	매우 우수
손해사정 기획하기	1. 나는 손해사정 기획 전략 수립이 필요할 때 사업전략 특성 파악에 도움이 되는 다양한 자료를 수집할 수 있다.	①	②	③	④	⑤
	2. 나는 보험시장 원리와 관련된 중장기 목표에 따라 현재 손해사정업무의 전략을 기획할 수 있다.	①	②	③	④	⑤
	3. 나는 경영자의 요구에 따라 손해사정 기획에서 요구되는 통계적 자료를 분석하여 미래시장을 파악할 수 있다.	①	②	③	④	⑤
교육 관리하기	1. 나는 미래손해사정 기획전략 수립이 필요할 때 조직의 비전과 중장기 목표에 따라 관련 교육과정을 개발할 수 있다.	①	②	③	④	⑤
	2. 나는 손해사정 업무처리기준에 따라 사례연구를 수집하여 교육을 실시할 수 있다.	①	②	③	④	⑤
	3. 나는 손해사정 전문가가 요구되어 질 때 관련 전문가 양성과정을 개설하여 운영할 수 있다.	①	②	③	④	⑤
조직 관리하기	1. 나는 경영자의 전략수립이 요구될 때 손해사정 관리를 위한 직원 육성 중장기 계획을 수립하여 실시할 수 있다.	①	②	③	④	⑤
	2. 나는 경영자의 전략 수립이 요구 될 때 손해사정 관리를 위한 분기별 성과평가를 분석할 수 있다.	①	②	③	④	⑤
	3. 나는 손해사정 관리를 위한 중장기 전략수립이 요구될 때 조직의 비전 및 중장기 목표에 따라 조직 관리에 대한 전략을 세울 수 있다.	①	②	③	④	⑤

[진단결과]

진단영역	문항 수	점수	점수 ÷ 문항 수
손해사정 기획하기	3		
교육 관리하기	3		
조직 관리하기	3		
합 계	9		

☞ 자신의 점수를 문항 수로 나눈 값이 '3점' 이하에 해당하는 영역은 업무를 성공적으로 수행하는데 요구하는 능력이 부족한 것으로 교육훈련이나 개인학습을 통한 개발이 필요함.

2 훈련기준

□ **개발목적**
  ○ 체계적이고 효과적인 직업능력개발을 위하여 훈련의 대상이 되는 직종별로 훈련의 목표, 교과내용 및 시설·장비와 교사 등에 관한 훈련기준 개발(근로자 직업능력개발법 제38조)
    * 내용구성 : 훈련의 목표, 교과목 및 그 내용, 시설 및 장비, 훈련기간 및 훈련시간, 훈련방법, 훈련교사, 적용기간

□ **활용대상**
  ○ 「근로자 직업능력개발법」에 따른 직업능력개발 훈련
  ○ 기타 직업교육훈련

□ **활용(예시)**
  ○ 국가직무능력표준에 따라 제시한 능력단위별 훈련기준을 조합하여 훈련기준으로 활용

<방법 1> 훈련이수체계도에서 제시한 훈련과정/과목으로 편성

<자동차차체정비 훈련 예시>

훈련수준	훈련모듈		구 분
	표준 직무	명 칭	
1수준(정비사)	자동차차체정비	단품교환	필수
		방음방청작업	

<방법 2> 훈련이수체계도에서 제시한 훈련과정/과목(필수)과 다른 직종의 훈련과정/과목(선택)으로 편성

자격종목	훈련모듈		구 분
	표준직무	명 칭	
1수준(정비사)	자동차차체정비	단품교환	필수
		방음방청작업	
	자동차도장	건조작업	선택
		구도막제거작업	

1.1. 훈련기준

Ⅰ. 개 요

1. 직 종 명 : 재물손해사정

2. 직종 정의 : 공정하고 투명한 손해액산정과 보험금지급을 위하여 재산과 물건 손해에 대한 보험관련 법규와 약관을 근거로 전문적인 능력과 지식을 활용하여 보험사고의 조사·평가·조정하는 업무에 종사

3. 훈련이수체계(수준별 이수 과정/과목)

수준	직급	재물손해사정	차량손해사정	신체손해사정
8수준	부장	재물손해사정 기획관리	차량손해사정 기획수립	신체손해사정 기획관리
7수준	차장	보험금 사정 재보험 소송 처리	손해액 산정	재보험
6수준	과장	계약내용 확인 손해액 산정 민원처리 보험자대위	민원처리 피해물 관리 구상 처리	소송 처리 구상 처리
5수준	대리	현장조사	현장조사	보험금 심사 배상책임 보험금 심사 메디칼 심사 민원처리
4수준	주임	사고접수	고객 안내 서비스	현장조사
3수준	사원		사고접수 계약내용 확인	보험사고 접수
-		직업기초능력		

※ 해당직종(음영)의 훈련과정을 편성하는 경우 훈련과정별 목표에 부합한 수준으로 해당 직종에서 제시한 능력단위를 기준으로 과정/과목을 편성하고, 이외 직종의 능력단위를 훈련과정에 추가 편성하려는 경우 유사 직종의 동일 수준의 능력단위를 추가할 수 있음

4. 훈련시설

시설명 \ 훈련인원	기준인원	면 적	기준인원 초과 시 면적 적용	시 설 활용구분(공용/전용)
강 의 실	30명	60㎡	1명당 1.2㎡씩 추가	공 용
실 습 실	해당 없음			전 용
공구·재료실	해당 없음			전 용

※ 훈련시설은 훈련과정/과목에 필요한 시설을 구축

5. 교 사
   ○ 대학의 조교수 이상
   ○ 실무 경력 7년 이상
   ○ 이와 동등한 자격이 있다고 인정되는 자

Ⅱ. 훈련과정

○ 과정/과목명 : 직업기초능력

- 훈련개요

훈련목표	직업인으로서 갖추어야할 기본적인 소양을 함양
수 준	-
최소훈련시간	훈련과정의 전체훈련시간의 10% 이내에서 자율편성
훈련가능시설	강의실
권장훈련방법	집체 또는 원격훈련

- 편성내용

단원명	학습내용
의사소통능력	업무를 수행함에 있어 글과 말을 읽고 들음으로써 다른 사람이 뜻한 바를 파악하고, 자기가 뜻한 바를 글과 말을 통해 정확하게 쓰거나 말하는 능력함양
수리능력	업무를 수행함에 있어 사칙연산, 통계, 확률의 의미를 정확하게 이해하고 이를 업무에 적용하는 능력함양
문제해결능력	업무를 수행함에 있어 문제 상황이 발생하였을 경우, 창조적이고 논리적인 사고를 통하여 이를 올바르게 인식하고 적절히 해결하는 능력함양
자기개발능력	업무를 추진하는데 스스로를 관리하고 개발하는 능력함양
자원관리능력	업무를 수행하는데 시간, 자본, 재료 및 시설, 인적자원 등의 자원 가운데 무엇이 얼마나 필요한지를 확인하고, 이용 가능한 자원을 최대한 수집하여 실제 업무에 어떻게 활용할 것인지를 계획하고, 계획대로 업무 수행에 이를 할당하는 능력
대인관계능력	업무를 수행하는데 있어 접촉하게 되는 사람들과 문제를 일으키지 않고 원만하게 지내는 능력
정보능력	업무와 관련된 정보를 수집하고, 이를 분석하여 의미 있는 정보를 찾아내며, 의미 있는 정보를 업무수행에 적절하도록 조직하고, 조직된 정보를 관리하며, 업무 수행에 이러한 정보를 활용하고, 이러한 제 과정에 컴퓨터를 사용하는 능력함양
기술능력	업무를 수행함에 있어 도구, 장치 등을 포함하여 필요한 기술에는 어떠한 것들이 있는지 이해하고, 실제로 업무를 수행함에 있어 적절한 기술을 선택하여, 적용하는 능력함양
조직이해능력	업무를 원활하게 수행하기 위해 국제적인 추세를 포함하여 조직의 체계와 경영에 대해 이해하는 능력함양
직업윤리	업무를 수행함에 있어 원만한 직업생활을 위해 필요한 태도, 매너, 올바른 직업관 함양

○ 과정/과목명 : 0302030101_14v1 사고접수

- 훈련개요

훈련목표	보험사고의 손해사정을 위해서 사고내용 접수, 보상진행 안내, 초동조치를 안내하는 능력을 함양
수준	4
최소훈련시간	16시간
훈련가능시설	강의실
권장훈련방법	집체훈련, 원격훈련 중 선택

- 편성내용

단 원 명 (능력단위 요소명)	훈 련 내 용 (수행준거)	평가시 고려사항
사고내용 접수하기	1.1 고객 응대 시 고객의견을 경청하고 공감해 전화 상담을 친절하게 응대할 수 있다. 1.2 사고접수 시 보험 상품별 보험약관 지급기준에 따라 보험사고 종류, 지급내용에 대해 분류할 수 있다. 1.3 보험사고 업무처리 기준에 따라 필요한 보험금 청구서류를 안내하고 접수할 수 있다.	- 평가자는 다음의 사항을 평가해야 한다. • 고객응대 스크립트 지식 • 보험사고 지급기준이해 • 보험금 지급서류 이해 • 대상고객 분류능력 • 보험종목별 보상절차 이해 • 수익자에 대한 보상진행 사항 이해 • 현장상황에 따른 초동조치사항 지식 • 보험목적물의 현장 보존 방법에 대한 이해 • 불법행위에 대한 구상처 정보에 대한 이해
보상진행 안내하기	2.1 정해진 업무처리 기한 내에 통보대상 고객을 분류할 수 있다. 2.2 사고대상 해당 보험 종목별 보상 절차를 설명 할 수 있다. 2.3 업무처리 기준에 따라 수익자에게 보상진행 내용을 친절히 안내 할 수 있다.	
초동조치 안내하기	3.1 현장 상황에 따라 정확한 초동조치 사항을 안내할 수 있다. 3.2 손해 유형에 따라 보험 목적물의 현장 보존 방법을 안내할 수 있다. 3.3 제3자 불법행위에 의한 사고일 경우 구상 정보를 협조 요청 할 수 있다.	

- 지식·기술·태도

구 분	주 요 내 용
지 식	• 현장보존 • 보험목적물 • 구상채권 • 보험계약 약관 • 보상절차 • 보상청구서류 • 고객응대 • 보험 상품 • 현장사용용어
기 술	• 상담 능력 • 직무 능력 • 문제발견 능력 • 논리적 설명 능력 • 전화상담 능력 • 커뮤니케이션 능력 • 분석 능력 • 요약정리 능력 • 경청 능력

태 도	• 약정사항 준수 • 객관성 유지 • 논리적 사고 유지 • 협력적 태도 • 법규 준수 • 친절한 태도 • 다양한 수용 • 유연한 태도 • 치밀한 태도 • 서비스마인드 유지

- 장비

장 비 명	단 위	활용구분(공용/전용)	1대당 활용인원
• 컴퓨터 • 프린터 • 인터넷 • 전화수신장치 • 녹취에 필요한 장비 • 계산기 • 손해사정 전산프로그램	대 개 세트 식 본	공용	30명

※ 장비는 주장비만 제시한 것으로 그 외의 장비와 공구는 별도로 확보

- 재료

재 료 목 록
• 해당 없음

※ 재료는 주재료만 제시한 것으로 그 외의 재료는 별도로 확보

○ 과정/과목명 : 0302030102_14v1 계약내용 확인

- 훈련개요

훈련목표	보험사고의 보상여부를 확인하기 위하여 계약사항 확인, 보험약관 확인, 관련법규를 확인하는 능력을 함양
수 준	6
최소훈련시간	48시간
훈련가능시설	강의실
권장훈련방법	집체훈련, 원격훈련 중 선택

- 편성내용

단 원 명 (능력단위 요소명)	훈 련 내 용 (수행준거)	평가시 고려사항
계약사항 확인하기	1.1 각 종목별 보험 증권의 계약내용을 파악할 수 있다. 1.2 각 종목별 보험 증권의 계약내용이 사고와 관련성이 있는지를 확인하고 보고서를 작성할 수 있다. 1.3 보험증권상에 규정되어 있는 기간 내에 보험계약자에게 보험접수 여부를 통지할 수 있다.	- 평가자는 다음의 사항을 평가해야 한다. ●보험종목별 보험증권 내용에 대한 이해 ●계약사항 검토 및 관련보고서 작성능력 ●보험계약서상 업무처리 기한내 보험접수 통지능력 ●보험약관내용 분석능력 ●보험사고 판단능력 ●약관상 면부책 이해 및 보고서 작성능력 ●보험종목별 관련법규 지식 ●보험금 지급 가부에 대한 보고서 작성능력 ●보험금 지급범위 결정능력
보험약관 확인하기	2.1 보험증권의 보험조건에 따라 해당약관을 확인할 수 있다. 2.2 보험증권상의 약관에 따라 보험적용여부를 결정할 수 있다. 2.3 보험약관의 면책, 책임 제한 규정을 파악하고 관련 보고서를 작성할 수 있다.	
보험종목별 관련법규 확인하기	3.1 보험종목별 관련 법규를 찾아내 적용할 수 있다. 3.2 보험종목별 관련법규를 근거로 보험금 지급 가부에 대한 보고서를 작성할 수 있다. 3.3 관련법규에 따른 보험금 지급범위를 결정하여 보고할 수 있다.	

- 지식 · 기술 · 태도

구 분	주 요 내 용
지 식	• 보험계약 • 보험상품 • 약관내용(보통, 특별) • 보상계약법 • 보험종목별 약관 • 보험업법 • 보험계약법 • 보험종목별 관련법규
기 술	• 정보조사 능력 • 약관적용 능력 • 문제분석 능력 • 약관분석 능력 • 문제발견 능력 • 분석 능력 • 관련법규 통합 능력 • 요약정리 능력
태 도	• 약정사항 준수 • 치밀함 유지 • 객관성 유지 • 법규 준수 • 논리적인 태도 • 업무지침 준수

- 장비

장 비 명	단 위	활용구분(공용/전용)	1대당 활용인원
• 컴퓨터 • 인터넷 • 서적	대 개 본	공용	30명

※ 장비는 주장비만 제시한 것으로 그 외의 장비와 공구는 별도로 확보

- 재료

재 료 목 록
• 해당 없음

※ 재료는 주재료만 제시한 것으로 그 외의 재료는 별도로 확보

○ 과정/과목명 : 0302030103_14v1 현장조사

- 훈련개요

훈련목표	보험사고의 원인과 손해범위를 확인하기 위하여 사고관련자 면담, 사고현장 조사, 손해를 조사하는 능력을 함양
수 준	5
최소훈련시간	48시간
훈련가능시설	강의실
권장훈련방법	"집체훈련, 원격훈련, 현장견학" 중 선택

- 편성내용

단 원 명 (능력단위 요소명)	훈 련 내 용 (수행준거)	평가시 고려사항
사고관련자 면담하기	1.1 보험계약자와 상담할 때 고객의 의견을 경청하고 친절하게 응대할 수 있다. 1.2 사고관련자와 면담할 때 육하원칙에 의거한 사고경위서를 징구할 수 있다. 1.3 보험업법 규정에 따라 손해사정 선임에 대한 안내장을 징구할 수 있다.	- 평가자는 다음의 사항을 평가해야 한다. • 친절도(해피콜) • 현장도면 작성능력 • 사고원인 파악능력 • 보험종목별 현장실무 지식
사고현장 조사하기	2.1 신속한 피해조사를 통하여 현장 도면을 작성할 수 있다. 2.2 보험종목별 목적물 특성에 맞는 전문적인 지식을 활용한 조사를 수행할 수 있다. 2.3 전문지식을 활용하여 사고 현장에 대한 객관적인 사고원인에 대해 조사 할 수 있다.	
손해조사하기	3.1 보험종목별 특성에 따라 목적물의 손해상태를 상세하게 파악할 수 있다. 3.2 손해유형별 조사기법에 따라 상세하고 객관적인 손해명세서를 작성할 수 있다. 3.3 손해정도에 대한 이견발생시 합리적인 대안을 제시할 수 있다.	

- 지식 · 기술 · 태도

구 분	주 요 내 용
지 식	• 고객응대 지식 • 보험종목별 초동조치 지식

	• 보험종목별 손해사정 절차 • 리스크 지식 • 보험종목별 목적물 지식 • 보험종목별 손익 지식 • 화재·특종에 대한 지식 • 배상책임에 대한 지식 • 해상·항공보험에 대한 지식 • 손해유형별 조사기법 지식
기　술	• 상담 능력 • 문제해결 능력 • 대인관리 능력 • 문제발견 능력 • 사고조사 기술 • 현장분석 능력 • 피해물 분석 능력 • 컴퓨터 활용 능력 • 보고서 작성 능력
태　도	• 성실한 태도 • 논리적 사고 유지 태도 • 치밀한 태도 • 직업 윤리적 태도 • 객관성 유지 태도 • 공정성 유지 태도 • 고객 중심적 태도 • 서비스마인드 유지 • 유연한 대인관계 유지 • 경청자세 유지

- 장비

장　비　명	단　위	활용구분(공용/전용)	1대당 활용인원
• 노트북 • 카메라 • 방독면 • 방진마스크 • 방진복 • 안전화, 안전모, 장화, 장갑, 보안경 • 측량 및 계측장비(줄자, 저울)	대 개 세트 식 본	공용	30명

※ 장비는 주장비만 제시한 것으로 그 외의 장비와 공구는 별도로 확보

- 재료

재　료　목　록
• 해당 없음

※ 재료는 주재료만 제시한 것으로 그 외의 재료는 별도로 확보

○ 과정/과목명 : 0302030104_14v1 손해액 산정

- 훈련개요

훈련목표	합리적 보험금 사정을 위하여 보험의 목적 확인, 손해액 산정, 보험가액을 평가하는 능력을 함양
수 준	6
최소훈련시간	48시간
훈련가능시설	강의실
권장훈련방법	"집체훈련, 원격훈련" 중 선택

- 편성내용

단 원 명 (능력단위 요소명)	훈 련 내 용 (수행준거)	평가시 고려사항
보험의 목적 확인하기	1.1 사고접수서류와 비교하여 보험증권 상에 부보된 보험목적물과 동일한 것인지 확인할 수 있다. 1.2 보험목적물의 원래의 용도를 확인하고 다른 대체 물품이 있는지를 시장조사를 통하여 확인할 수 있다. 1.3 보험가입시의 보험목적물 관련 자료와 시장환경을 조사하여 위험의 변동을 확인할 수 있다.	-평가자는 다음의 사항을 평가해야 한다. ●보험계약사항 이해능력 ●보험종목별 현장실무 지식 ●손해배상범위에 대한 지식 ●보험가액 및 손해액 평가 방법 지식
손해액 산정하기	2.1 현장조사보고서를 토대로 보험증권 상의 조건에 따라 손해액과 손해범위를 확인할 수 있다. 2.2 현장조사보고서를 충분히 이해하여 보고서의 오류와 부족한 점을 보완, 수정할 수 있다. 2.3 보험당사자와 충분한 소통을 통하여 공정한 손해산정을 할 수 있다.	
보험가액 평가하기	3.1 시장정보조사를 통해 합리적인 보험가액을 산정할 수 있다. 3.2 보험목적물의 특성에 따라 보험종목별 보험가액평가를 할 수 있다. 3.3 객관적 자료에 근거한 논리적 분석을 통해 시장가격과 보험가액의 차이에 의한 분쟁을 합리적으로 해결할 수 있다.	

- 지식 · 기술 · 태도

구 분	주 요 내 용
지 식	• 화재·특종 • 배상책임 • 해상·항공보험 • 보험가액 • 평가기준 • 회계지식 • 원상복구 방법 • 시장가액 평가 • 손해액 평가방법 • 종목별 목적물 • 배상책임 법률 • 보험목적물 관련시설
기 술	• 정보조사 능력 • 시장통찰 능력 • 통계능력 • 설득능력 • 분석 능력 • 시장통찰 능력 • 요약정리 능력 • 보고서 작성 능력 • 목적물 분석 능력
태 도	• 논리적 사고 • 객관성 유지 • 공정성 유지 • 다양성 수용 • 합리적 태도 • 치밀함 유지

- 장비

장 비 명	단 위	활용구분(공용/전용)	1대당 활용인원
• 컴퓨터 • 스프레드시트 • 데이타베이스 • CAD프로그램 • 계산기	대 개 세트 식 본	공용	30명

※ 장비는 주장비만 제시한 것으로 그 외의 장비와 공구는 별도로 확보

- 재료

재 료 목 록
• 해당 없음

※ 재료는 주재료만 제시한 것으로 그 외의 재료는 별도로 확보

○ 과정/과목명 : 0302030105_14v1 보험금 사정

- 훈련개요

훈련목표	합리적인 보험금 지급을 위하여 약관상 지급기준 확인, 면·부책 결정, 지급보험금을 산정하는 능력을 함양
수 준	7
최소훈련시간	48시간
훈련가능시설	강의실
권장훈련방법	"집체훈련, 원격훈련" 중 선택

- 편성내용

단 원 명 (능력단위 요소명)	훈 련 내 용 (수행준거)	평가시 고려사항
약관상 지급기준 확인하기	1.1 보험종목별 약관상 지급기준 확인이 필요할 때 관련된 다양한 자료를 수집할 수 있다. 1.2 현장 조사 보고서를 충분히 이해하여 보험종목별 지급 기준을 명확히 파악할 수 있다. 1.3 보험종목별 약관 숙지를 통해 지급기준을 수립할 수 있다.	- 평가자는 다음의 사항을 평가해야 한다. ● 보험 종목별 약관, 지급기준 지식 ● 유사판례 및 분쟁조정사례에 대한 지식 ● 사고 현장 상황 이해도 ● 보험 종목별 약관상 면책 위험 ● 유사사례에 대한 지식 ● 현장사고보고서 이해 능력 ● 보험 종목별 일부보험·중복보험·증권공제액·보상한도액
면·부책결정하기	2.1 면·부책 판단이 필요할 때 사실관계 파악에 도움이 되는 다양한 자료를 수집할 수 있다. 2.2 계약자와 면담 시 계약자 의견을 경청하고 면·부책 여부를 결정할 수 있다. 2.3 면·부책 여부를 계약자에게 통보할 때 유사한 사례에 대한 자료를 제시할 수 있다.	
지급보험금 산정하기	3.1 보험금 사정을 위하여 현장손해 조사자와 논의를 통하여 사실관계를 명확하게 파악할 수 있다. 3.2 보험금 안내가 계약자에게 필요할 때 손해사정 보고서를 제출하고 사정내역을 설명할 수 있다. 3.3 손해사정 보고서를 근거로 지급보험금을 산정할 수 있다.	

- 지식 · 기술 · 태도

구 분	주 요 내 용
지 식	● 보험종목별 약관 ● 보험금 산정

	• 보상한도 • 면·부책 입증에 대한 지식 • 보험계약법 • 보험자 책임과 의무에 대한 지식 • 회계지식 • 공제조항 • 과실상계
기 술	• 현장보고서 분석 능력 • 체계화 능력 • 정보정리 능력 • 약관분석 적용 능력 • 사실관계 판단 능력 • 의사결정 능력 • 대인 설득 능력 • 컴퓨터 활용 능력 • 보험금 심사 능력 • 보고서 작성 능력
태 도	• 협력적 태도 • 업무지침 준수 • 공정한 태도 • 치밀함 유지 • 합리적인 태도 • 객관성 유지 • 분석적인 태도 • 성실한 태도 • 논리적인 업무 태도

- 장비

장 비 명	단 위	활용구분(공용/전용)	1대당 활용인원
• 컴퓨터 • 복사기 • 프린터 • 스캐너 • 전화기 • 계산기	대 개 세트 식 본	공용	30명

※ 장비는 주장비만 제시한 것으로 그 외의 장비와 공구는 별도로 확보

- 재료

재 료 목 록
• 해당 없음

※ 재료는 주재료만 제시한 것으로 그 외의 재료는 별도로 확보

○ 과정/과목명 : 0302030106_14v1 민원처리

- 훈련개요

훈련목표	보험 분쟁을 해결하기 위하여 민원내용 확인, 민원관련자 면담, 수용여부를 결정할 수 있다.
수 준	6
최소훈련시간	16시간
훈련가능시설	강의실
권장훈련방법	"집체훈련, 원격훈련" 중 선택

- 편성내용

단 원 명 (능력단위 요소명)	훈 련 내 용 (수행준거)	평가시 고려사항
민원내용 확인하기	1.1 민원이 접수되었을 때 민원의 요지를 요약하고 정리할 수 있다. 1.2 클레임 처리 이력 파악을 통하여 손해사정 절차의 적정성 여부를 판단할 수 있다. 1.3 대외 민원 접수 시 처리 기한과 업무 프로세스를 파악할 수 있다.	- 평가자는 다음의 사항을 평가해야 한다. • 민원처리 절차 지식 • 민원사항 파악/이해 능력 • 민원인 상담능력 • 보험약관지식 • 보험상품지식 • 유사 분쟁조정 사례에 대한 지식 • 유사관례지식 • 손해사정 절차
민원관련자 면담하기	2.1 민원 관련자 면담 시 면담 관련 추가 민원이 발생하지 않도록 상담할 수 있다. 2.2 해당 보험 상품 지식을 통해 민원의 요지와 쟁점사항을 정리할 수 있다. 2.3 민원 관련자 면담 시 민원인의 심리상태를 파악하고 대처할 수 있다.	
수용여부 결정하기	3.1 다양한 보험 분쟁 사례의 검토를 통해 민원 사안의 의사결정을 할 수 있다. 3.2 감독당국 보험 분쟁조정 절차에 따라 보험분쟁 조정절차를 민원인에게 설명할 수 있다. 3.3 보험회사 민원평가의 중요성을 고려하여 민원업무 처리 시 보험감독정책을 적용할 수 있다.	

- 지식 · 기술 · 태도

구 분	주 요 내 용
지 식	• 손해사정 절차 • 민원처리 절차 • 소비자관련 법규 • 의사결정 원리 지식 • 보험분쟁조정 절차 • 금융감독정책

	• 보험상품 • 고객응대 • 상담심리
기 술	• 분석능력 • 문제발견 능력 • 정보조사 능력 • 상담 능력 • 경청 능력 • 커뮤니케이션 능력 • 협상 능력 • 문제해결 능력 • 의사결정 능력
태 도	• 객관성 유지 • 공정성 유지 • 문제 개선 의지 • 유연한 태도 • 합리적 태도 • 성실한 태도 • 친절한 태도 • 다양성 수용 • 법규 준수

- 장비

장 비 명	단 위	활용구분(공용/전용)	1대당 활용인원
• 녹취에 필요한 장비 • 상담실	대 개 세트 식 본	공용	30명

※ 장비는 주장비만 제시한 것으로 그 외의 장비와 공구는 별도로 확보

- 재료

재 료 목 록
• 해당 없음

※ 재료는 주재료만 제시한 것으로 그 외의 재료는 별도로 확보

○ 과정/과목명 : 0302030107_14v1 보험자대위

- 훈련개요

훈련목표	이득금지 원칙을 실현하기 위하여 잔존물 매각, 구상채권 확정, 구상채권을 행사하는 능력을 함양
수 준	6
최소훈련시간	16시간
훈련가능시설	강의실
권장훈련방법	"집체훈련, 원격훈련" 중 선택

- 편성내용

단 원 명 (능력단위 요소명)	훈 련 내 용 (수행준거)	평가시 고려사항
잔존물 매각하기	1.1 잔존물이 발생하였을 때 목적물대위 규정에 따라 매각할 수 있다. 1.2 잔존물이 발생하였을 때 잔존물 처리기준에 따라 평가할 수 있다. 1.3 잔존물 매각여부 검토 시 상법규정에 따라 법규를 적용할 수 있다.	- 평가자는 다음의 사항을 평가해야 한다. ●잔존물 평가능력 ●잔존물 처리기준의 이해 ●구상채권 확정능력 ●민사소송법 및 소송절차법 ●소송전략 수립능력 ●채권확보를 위한 보존절차의 이해 ●공·경매 절차 및 방법에 대한 지식
구상채권 확정하기	2.1 보험계약 적용 시 당해 보험계약에 따라 계약을 분석할 수 있다. 2.2 관련법규를 검토하라고 할 때 민사소송법에 따라 구상권 행사 여부를 결정할 수 있다. 2.3 불법행위 규정에 따라 청구 범위를 확정할 수 있다.	
구상채권 행사하기	3.1 소송절차에 대비하라고 요구받았을 때 소송절차법에 따라 사전에 구상전략을 기획할 수 있다. 3.2 소송실익을 검토하라고 지시받았을 때 소송대응전략에 따라 소송전략을 수립할 수 있다. 3.3 채권확보를 요구받았을 때 보전절차 실무에 따라 채권확보 조치를 취할 수 있다.	

- 지식·기술·태도

구 분	주 요 내 용
지 식	● 잔존물 매각 ● 잔존목적물 이해 ● 잔존물 매각 방법 ● 경·공매법률 ● 보험계약

	• 보상약관 • 불법행위 • 민법(민법총칙, 불법행위, 채권법) • 민사소송법 • 회계지식 • 강제집행 절차
기　술	• 정보조사 능력 • 시장통찰 능력 • 의사결정 능력 • 보고서 작성 능력 • 분석능력
태　도	• 손익마인드 태도 • 업무지침 준수 • 목표달성 의지 • 책임감 유지 • 약정사항 준수 • 공정성 유지

- 장비

장　비　명	단 위	활용구분(공용/전용)	1대당 활용인원
• 컴퓨터 • 인터넷 • 관련 서적	대 개 세트 식 본	공용	30명

※ 장비는 주장비만 제시한 것으로 그 외의 장비와 공구는 별도로 확보

- 재료

재　료　목　록
• 해당 없음

※ 재료는 주재료만 제시한 것으로 그 외의 재료는 별도로 확보

○ 과정/과목명 : 0302030108_14v1 재보험

- 훈련개요

훈련목표	위험분산을 위하여 재보험 계약내용 확인, 손해사고 통지, 재보험금을 회수하는 능력을 함양
수 준	7
최소훈련시간	32시간
훈련가능시설	강의실
권장훈련방법	"집체훈련, 원격훈련" 중 선택

- 편성내용

단 원 명 (능력단위 요소명)	훈 련 내 용 (수행준거)	평가시 고려사항
재보험 계약내용 확인하기	1.1 재보험 계약내용에 따라 다양한 형태의 재보험 유형을 체계적으로 파악할 수 있다. 1.2 재보험 계약내용에 따라 회수 가능한 재보험금을 산출할 수 있다. 1.3 재보험 계약내용에 따라 재보험 회수 업무절차를 수립할 수 있다.	- 평가자는 다음의 사항을 평가해야 한다. • 재보험지식 • 영문독해능력 • 영문보고서 작성능력 • 영어 회화능력
손해사고 통지하기	2.1 손해사고 발생 시 내용을 요약하고 정리하여 손해사고 발생 보고서(영문)를 작성할 수 있다. 2.2 진행사고 보고 시 그 내용과 추정손해액을 요약하여 보고서(영문)를 작성할 수 있다. 2.3 재보험자의 문의 시 재보험자에게 영문서한을 작성할 수 있다.	
재보험금 회수하기	3.1 보험금 지급 시 보험금 지급사항을 최종적으로 정리하여 보고서(영문)를 작성할 수 있다. 3.2 재보험금 분쟁 발생 시 관련 내용에 대한 영문서한을 작성할 수 있다. 3.3 재보험금의 청산 프로세스에 따라 미 청산 건을 파악할 수 있다.	

- 지식 · 기술 · 태도

구 분	주 요 내 용
지 식	• 재보험 계약 • 재보험이해 • 재보험 약관 • 영문 비즈니스 문서 작성 • 재보험 시장 • 재보험 회계 • 준거법
기 술	• 분석능력 • 기획 능력 • 정보조사 능력 • 협상 능력 • 시장통찰 능력 • 재보험 계약 분석 능력 • 영어회화 능력 • 영문보고서 작성 능력 • 전산시스템 활용 능력
태 도	• 업무지침 준수 • 손익마인드 태도 • 문제개선 의지 • 객관성 유지 • 약정사항 준수 • 성실한 태도

- 장비

장 비 명	단 위	활용구분(공용/전용)	1대당 활용인원
• 컴퓨터 • 계산기	대 개 세트 식 본	공용	30명

※ 장비는 주장비만 제시한 것으로 그 외의 장비와 공구는 별도로 확보

- 재료

재 료 목 록
• 해당 없음

※ 재료는 주재료만 제시한 것으로 그 외의 재료는 별도로 확보

○ 과정/과목명 : 0302030109_14v1 소송 처리

- 훈련개요

훈련목표	보험 분쟁 해결을 위하여 소송실익 검토, 소송진행 관리, 소송 사후를 관리하는 능력을 함양
수 준	7
최소훈련시간	48시간
훈련가능시설	강의실
권장훈련방법	"집체훈련, 원격훈련, 현장견학" 중 선택

- 편성내용

단 원 명 (능력단위 요소명)	훈 련 내 용 (수행준거)	평가시 고려사항
소송실익 검토하기	1.1 소송이 제기되었을 때 민사소송법에 따라 소송에 대응할 수 있다. 1.2 소송이 제기되었을 때 소송수행 지침에 따라 전략을 세울 수 있다. 1.3 소송실익을 검토할 때 기존판례를 참고하여 소송실익을 결정할 수 있다.	- 평가자는 다음의 사항을 평가해야 한다. • 소송절차법 • 유사판례지식 • 법무법인 협상 및 관리능력
소송 진행 관리하기	2.1 소송이 예상될 때 민사소송법에 따라 절차를 계획수립 할 수 있다. 2.2 채권파악을 요청받았을 때 채권법에 따라 채권존부를 분석할 수 있다. 2.3 조정을 요구받았을 때 민사조정규칙에 따라 조정대책을 수립할 수 있다.	
소송사후 관리하기	3.1 승소했을 때 민사소송법에 따라 소송사후 관리절차를 수립할 수 있다. 3.2 소송사후 관리를 지시받았을 때 사내소송지침에 따라 손익을 판단할 수 있다. 3.3 판례적용을 요구받았을 때 기존 판례를 통하여 해당 판례의 적용여부를 결정할 수 있다.	

- 지식·기술·태도

구 분	주 요 내 용
지 식	• 민사소송법 지식 • 판례 • 절차법 • 채권법

	• 민사조정 규칙 • 회계지식
기 술	• 분석능력 • 보험금 심사 능력 • 정보조사 능력 • 보고서 작성 능력 • 요약정리 능력 • 직무관리 능력 • 의사결정 능력 • 커뮤니케이션 능력
태 도	• 성실함 유지 • 책임감 유지 • 문제개선 의지 • 치밀함 유지 • 목표달성 의지 • 손익마인드 태도 • 객관성 유지 • 논리적 사고 유지

- 장비

장 비 명	단 위	활용구분(공용/전용)	1대당 활용인원
• 컴퓨터 • 계산기	대 개 세트 식 본	공용	30명

※ 장비는 주장비만 제시한 것으로 그 외의 장비와 공구는 별도로 확보

- 재료

재 료 목 록
• 해당 없음

※ 재료는 주재료만 제시한 것으로 그 외의 재료는 별도로 확보

○ 과정/과목명 : 0302030110_14v1 재물손해사정 기획 관리

- 훈련개요

훈련목표	손해사정업의 성장과 발전을 위하여 손해사정 기획, 교육관리, 조직을 관리하는 능력을 함양
수 준	8
최소훈련시간	16시간
훈련가능시설	강의실
권장훈련방법	"집체훈련, 원격훈련" 중 선택

- 편성내용

단 원 명 (능력단위 요소명)	훈 련 내 용 (수행준거)	평가시 고려사항
손해사정 기획하기	1.1 손해사정 기획 전략 수립이 필요할 때 사업 전략 특성 파악에 도움이 되는 다양한 자료를 수집할 수 있다. 1.2 보험시장 원리와 관련된 중장기 목표에 따라 현재 손해사정업무의 전략을 기획할 수 있다. 1.3 경영자의 요구에 따라 손해사정 기획에서 요구되는 통계적 자료를 분석하여 미래시장을 파악할 수 있다.	- 평가자는 다음의 사항을 평가해야 한다. • 사업전략특성에 대한 이해 • 보험시장원리에 대한 지식 • 손해사정 기획통계자료 지식 • 손해사정 직원육성 중장기 계획지식 • 손해사정 사례연구 지식 • 교육과정개발 이론 • 조직의 비전과 중장기목표 • 조직 KPI(Key Performance Indicator) 등 성과평가에 대한 이해 • 조직관리론 이해
교육 관리하기	2.1 미래손해사정 기획전략 수립이 필요할 때 조직의 비전과 중장기 목표에 따라 관련 교육과정을 개발할 수 있다. 2.2 손해사정 업무처리기준에 따라 사례연구를 수집하여 교육을 실시할 수 있다. 2.3 손해사정 전문가가 요구되어 질 때 관련 전문가 양성과정을 개설하여 운영할 수 있다.	
조직 관리하기	3.1 경영자의 전략수립이 요구될 때 손해사정 관리를 위한 직원 육성 중장기 계획을 수립하여 실시할 수 있다. 3.2 경영자의 전략 수립이 요구 될 때 손해사정 관리를 위한 분기별 성과평가를 분석할 수 있다. 3.3 손해사정 관리를 위한 중장기 전략수립이 요구될 때 조직의 비전 및 중장기 목표에 따라 조직 관리에 대한 전략을 세울 수 있다.	

- 지식·기술·태도

구 분	주 요 내 용
지 식	• 조직관리 • 성과평가 • 직원육성 • 손해사정 교육 • 사례연구 • 교육과정개발 • 사업전략 특성 • 보험 시장 원리 • 통계
기 술	• 리더십 능력 • 조직 운영 능력 • 직무향상 이해 능력 • 목표관리 능력 • 교육과정 개발 능력 • 컨텐츠 개발 능력 • 손해사정 시장 이해 능력 • 시장통찰 능력 • 전략제시 능력 • 의사결정 능력
태 도	• 유연한 대인관계 태도 • 공정성 유지 태도 • 다양성 수용 태도 • 목표달성 의지 • 논리적 사고 유지 • 창의적 태도 • 직업 윤리적 태도 • 경영마인드 태도 • 창의적인 태도

- 장비

장 비 명	단 위	활용구분(공용/전용)	1대당 활용인원
• 컴퓨터 • 프린터 • 인터넷 • 복사기 • 각종 해석 프로그램 • 교육장 • 교재 • 빔프로젝트	대 개 세트 식 본	공용	30명

※ 장비는 주장비만 제시한 것으로 그 외의 장비와 공구는 별도로 확보

- 재료

재 　 료 　 목 　 록
• 해당 없음

※ 재료는 주재료만 제시한 것으로 그 외의 재료는 별도로 확보

Ⅲ. 고려사항

1. 활용방법
○ 훈련기준에서 제시한 이외의 과정수립에 필요한 사항은 「근로자직업능력개발법」 등 관련 규정을 참고하시기 바랍니다.
○ 본 훈련기준의 훈련과정은 모듈식으로, 장-단기과정 모두에서 활용가능하며, 훈련사업별로 요구하는 훈련과정 편성지침에 따라 편성할 수 있습니다.
○ 3월 350시간 이상의 장기 훈련과정을 편성하는 경우, 수강생의 수준에 적합하게 훈련이수체계도에서 제시한 해당직종의 훈련과정/과목을 필수로 반영하고, 이외 관련 직종의 과정/과목을 선택하여 편성할 수 있습니다.
   * 단, 훈련생이 '필수과정'의 일부 훈련 과정/과목을 이수하거나, 직무수행경력이 있는 경우에는 해당 훈련과정/과목을 제외하고 훈련할 수 있습니다.
   * 효율적으로 훈련하기 위해 둘 이상의 과정/과목을 결합하여 대(大)과목으로 편성하거나, 하나의 과정/과목을 둘 이상의 세(細)과목으로 편성하여 훈련할 수 있습니다.
   * 훈련과정/과목에서 제시한 훈련시간은 훈련생의 학습능력을 고려하여 최대 50%까지 연장하여 훈련할 수 있습니다.

2. 참고사항

   가. 관련자격종목
   ○ 보험사고 상담사
   ○ 보험영어
   ○ 보험사고 조사인

   나. 직업활동 영역
   ○ 손해보험사
   ○ 손해사정법인

   다. 국가직무능력표준 관련 직종
   ○ 차량손해사정, 신체손해사정
   ○ 보험심사, 보험계약보전, 위험관리

라. 관련 홈페이지 안내
○ 훈련기준 및 국가직무능력표준 : http://www.ncs.go.kr
○ 자격정보 : http://www.q-net.or.kr
○ 훈련교재 및 매체 : http://book.hrdkorea.or.kr

3 출제기준

□ **개발목적**
  ○ 각종 자격의 시험문제 작성시 활용하는 기준을 국가직무능력표준에 따라 제시하기 위하여 출제기준(시안)* 개발
    * 출제기준(시안) : 출제기준의 경우에는 이를 확정하는 절차를 법령으로 정하여 운영함에 따라 확정된 '출제기준' 과 국가직무능력표준을 근거로 마련된 출제기준을 구분하기 위하여 '출제기준(시안)' 용어 사용

□ **활용대상**
  ○ 국가기술자격법에 따른 국가기술자격
  ○ 개별법령에 따른 국가전문자격
  ○ 자격기본법에 따른 공인민간자격, 민간자격
  ○ 고용보험법에 따른 사업내 자격

□ **활용(예시)**
  ○ 자격 및 자격취득자 특성에 따라 능력단위별 출제기준(시안)을 조합하여 출제기준으로 활용

<방법> 국가직무능력표준 개발시 관련자격 개선 의견(예시)로 제시된 내용을 그대로 활용

자격종목	능력단위		수준
	분류번호	명칭	
궤도기능사(가칭)	14220603_12v1	궤도부설	5
	14220602_12v1	레일용접	4
	14220605_12v1	부대공사	3

1.1. 출제기준(시안)

Ⅰ. 자격개요

1. 자격 정의

대분류	03. 금융·보험	중분류	02. 보험	소분류	03. 손해사정
자격종목명		보험사고 상담사		분류번호	03020301
자격종목정의		공정하고 투명한 손해액산정과 보험금지급을 위하여 재산과 물건 손해에 대한 보험관련 법규와 약관을 근거로 전문적인 능력과 지식을 활용하여 보험사고의 조사·평가·조정하는 능력이다.			

Ⅱ. 능력단위별 출제기준(시안)

능력단위 분류번호		사고접수 0302030101_14v1		능력단위 수준	4
능력단위 정의		보험사고의 손해사정을 위해서 사고내용 접수, 보상진행 안내, 초동조치를 안내하는 능력이다.			
평가방법		지필평가 : 단답형	시간	100분	
		실무평가 : 해당 없음	시간		
평가 내용	능력단위 요소 (세부항목)	수행준거 (세세항목)			
	사고내용 접수하기	1.1 고객 응대 시 고객의견을 경청하고 공감해 전화 상담을 친절하게 응대할 수 있다. 1.2 사고접수 시 보험 상품별 보험약관 지급기준에 따라 보험사고 종류, 지급내용에 대해 분류할 수 있다. 1.3 보험사고 업무처리 기준에 따라 필요한 보험금 청구서류를 안내하고 접수할 수 있다.			
	보상진행 안내하기	2.1 정해진 업무처리 기한 내에 통보대상 고객을 분류할 수 있다. 2.2 사고대상 해당 보험 종목별 보상 절차를 설명 할 수 있다. 2.3 업무처리 기준에 따라 수익자에게 보상진행내용을 친절히 안내 할 수 있다.			
	초동조치 안내하기	3.1 현장 상황에 따라 정확한 초동조치 사항을 안내할 수 있다. 3.2 손해 유형에 따라 보험 목적물의 현장 보존방법을 안내할 수 있다. 3.3 제3자 불법행위에 의한 사고일 경우 구상 정보를 협조 요청 할 수 있다.			
관련 지식	- 고객응대 지식 - 보험종목별 초동조치 지식 - 보험종목별 손해사정 절차				

	- 리스크 지식
	- 보험종목별 목적물 지식
	- 보험종목별 손익 지식
	- 화재·특종에 대한 지식
	- 배상책임에 대한 지식
	- 해상·항공보험에 대한 지식
	- 손해유형별 조사기법 지식
평가 시설· 장비	- 노트북
	- 카메라
	- 방독면
	- 방진마스크
	- 방진복
	- 안전화, 안전모, 장화, 장갑, 보안경
	- 운전면허
	- 측량 및 계측장비(줄자, 저울)

Ⅰ. 자격개요

1. 자격 정의

대 분 류	03. 금융·보험	중 분 류	02. 보험	소 분 류	03. 손해사정
자격종목명		보험영어		분류번호	03020301
자격종목정의		공정하고 투명한 손해액산정과 보험금지급을 위하여 재산과 물건 손해에 대한 보험관련 법규와 약관을 근거로 전문적인 능력과 지식을 활용하여 보험사고의 조사·평가·조정하는 능력이다.			

Ⅱ. 능력단위별 출제기준(시안)

능력 단위	계약내용 확인	능력단위 수준	6
분류번호	0302030102_14v1		
능력단위 정의	보험사고의 보상여부를 확인하기 위하여 계약사항 확인, 보험약관 확인, 관련법규를 확인하는 능력이다.		
평가방법	지필평가 : 복합형	시 간	60분
	실무평가 : 해당 없음	시 간	

	능력단위 요소 (세부항목)	수 행 준 거 (세세항목)
평가 내용	계약사항 확인하기	1.1 각 종목별 보험 증권의 계약내용을 파악할 수 있다. 1.2 각 종목별 보험 증권의 계약내용이 사고와 관련성이 있는지를 확인하고 보고서를 작성 할 수 있다. 1.3 보험증권상에 규정되어 있는 기간 내에 보험 계약자에게 보험접수 여부를 통지할 수 있다.
	보험약관 확인하기	2.1 보험증권의 보험조건에 따라 해당약관을 확인할 수 있다. 2.2 보험증권상의 약관에 따라 보험적용여부를 결정할 수 있다. 2.3 보험약관의 면책, 책임 제한 규정을 파악하고 관련 보고서를 작성할 수 있다.
	보험종목별 관련법규 확인하기	3.1 보험종목별 관련 법규를 찾아내 적용할 수 있다. 3.2 보험종목별 관련법규를 근거로 보험금 지급 가부에 대한 보고서를 작성할 수 있다. 3.3 관련법규에 따른 보험금 지급범위를 결정하여 보고할 수 있다.
관련 지식	- 보험계약 - 보험상품 - 약관내용(보통, 특별) - 보상계약법 - 보험종목별 약관	

	- 보험업법
	- 보험계약법
	- 보험종목별 관련법규
평가 시설· 장비	- 컴퓨터
	- 인터넷
	- 서적

능력단위	현장조사		능력단위 수준	5
분류번호	0302030103_14v1			
능력단위 정의	보험사고의 원인과 손해범위를 확인하기 위하여 사고관련자 면담, 사고현장 조사, 손해를 조사하는 능력이다.			
평가 방법	지필평가 : 복합형		시 간	6분
	실무평가 : 해당 없음		시 간	

	능력단위 요소 (세부 항목)	수 행 준 거 (세세 항목)
평가 내용	사고관련자 면담하기	1.1 보험계약자와 상담할 때 고객의 의견을 경청하고 친절하게 응대할 수 있다. 1.2 사고관련자와 면담할 때 육하원칙에 의거한 사고경위서를 징구할 수 있다. 1.3 보험업법 규정에 따라 손해사정 선임에 대한 안내장을 징구할 수 있다.
	사고현장 조사하기	2.1 신속한 피해조사를 통하여 현장 도면을 작성할 수 있다. 2.2 보험종목별 목적물 특성에 맞는 전문적인 지식을 활용한 조사를 수행할 수 있다. 2.3 전문지식을 활용하여 사고 현장에 대한 객관적인 사고원인에 대해 조사할 수 있다.
	손해조사하기	3.1 보험종목별 특성에 따라 목적물의 손해상태를 상세하게 파악할 수 있다. 3.2 손해유형별 조사기법에 따라 상세하고 객관적인 손해명세서를 작성할 수 있다. 3.3 손해정도에 대한 이견발생시 합리적인 대안을 제시할 수 있다.
관련 지식	- 고객응대 지식 - 보험종목별 초동조치 지식 - 보험종목별 손해사정 절차 - 리스크 지식 - 보험종목별 목적물 지식 - 보험종목별 손익 지식 - 화재·특종에 대한 지식 - 배상책임에 대한 지식 - 해상·항공보험에 대한 지식 - 손해유형별 조사기법 지식	
평가 시설· 장비	- 노트북 - 카메라 - 방독면 - 방진마스크 - 방진복 - 안전화, 안전모, 장화, 장갑, 보안경	

| | - 운전면허 |
| | - 측량 및 계측장비(줄자, 저울) |

능력단위	손해액 산정	능력단위 수준	6
분류번호	0302030104_14v1		
능력단위 정의	합리적 보험금 사정을 위하여 보험의 목적 확인, 손해액 산정, 보험가액을 평가하는 능력이다.		
평가 방법	지필평가 : 복합형	시간	6분
	실무평가 :	시간	

	능력단위 요소 (세부항목)	수 행 준 거 (세세항목)
평가 내용	보험의 목적 확인하기	1.1 사고접수서류와 비교하여 보험증권 상에 부보된 보험목적물과 동일한 것인지 확인할 수 있다. 1.2 보험목적물의 원래의 용도를 확인하고 다른대체 물품이 있는지를 시장조사를 통하여 확인할 수 있다. 1.3 보험가입시의 보험목적물 관련 자료와 시장환경을 조사하여 위험의 변동을 확인할 수 있다.
	손해액 산정하기	2.1 현장조사보고서를 토대로 보험증권 상의 조건에 따라 손해액과 손해범위를 확인할 수 있다. 2.2 현장조사보고서를 충분히 이해하여 보고서의 오류와 부족한 점을 보완, 수정할 수 있다. 2.3 보험당사자와 충분한 소통을 통하여 공정한 손해산정을 할 수 있다.
	보험가액 평가하기	3.1 시장정보조사를 통해 합리적인 보험가액을 산정할 수 있다. 3.2 보험목적물의 특성에 따라 보험종목별 보험가액평가를 할 수 있다. 3.3 객관적 자료에 근거한 논리적 분석을 통해 시장가격과 보험가액의 차이에 의한 분쟁을 합리적으로 해결할 수 있다.
관련 지식	- 화재·특종 - 배상책임 - 해상·항공보험 - 보험가액 - 평가기준 - 회계지식 - 원상복구 방법 - 시장가액 평가 - 손해액 평가방법 - 종목별 목적물 - 배상책임 법률 - 보험목적물 관련시설	
평가 시설· 장비	- 컴퓨터 - 스프레드시트 - 데이타베이스 - CAD프로그램 - 계산기	

능력단위	보험금 사정	능력단위 수준	7
분류번호	0302030105_14v1		
능력단위 정의	합리적인 보험금 지급을 위하여 약관상 지급기준 확인, 면·부책 결정, 지급보험금을 산정하는 능력이다.		
평가 방법	지필평가 : 복합형	시 간	6분
	실무평가 :	시 간	

	능력단위 요소 (세부항목)	수 행 준 거 (세세항목)
평가 내용	약관상 지급기준 확인하기	1.1 보험종목별 약관상 지급기준 확인이 필요할 때 관련된 다양한 자료를 수집할 수 있다. 1.2 현장 조사 보고서를 충분히 이해하여 보험종목별 지급 기준을 명확히 파악할 수 있다. 1.3 보험종목별 약관 숙지를 통해 지급기준을 수립할 수 있다.
	면·부책결정하기	2.1 면·부책 판단이 필요할 때 사실관계 파악에 도움이 되는 다양한 자료를 수집할 수 있다. 2.2 계약자와 면담 시 계약자 의견을 경청하고 면·부책 여부를 결정할 수 있다. 2.3 면·부책 여부를 계약자에게 통보할 때 유사한 사례에 대한 자료를 제시할 수 있다.
	지급보험금 산정하기	3.1 보험금 사정을 위하여 현장손해 조사자와 논의를 통하여 사실관계를 명확하게 파악할 수 있다. 3.2 보험금 안내가 계약자에게 필요할 때 손해사정 보고서를 제출하고 사정 내역을 설명할 수 있다. 3.3 손해사정 보고서를 근거로 지급보험금을 산정할 수 있다.
관련 지식	- 보험종목별 약관 - 보험금 산정 - 보상한도 - 면·부책 입증에 대한 지식 - 보험계약법 - 보험자 책임과 의무에 대한 지식 - 회계지식 - 공제조항 - 과실상계	
평가 시설· 장비	- 컴퓨터 - 복사기 - 프린터 - 스캐너 - 전화기 - 계산기	

능력단위	보험자대위	능력단위 수준	6
분류번호	0302030107_14v1		
능력단위 정의	이득금지원칙을 실현하기 위하여 잔존물 매각, 구상채권 확정, 구상채권을 행사하는 능력이다.		
평가 방법	지필평가 : 복합형	시간	6분
	실무평가 :	시간	

	능력단위 요소 (세부항목)	수행준거 (세세항목)
평가 내용	잔존물 매각하기	1.1 잔존물이 발생하였을 때 목적물대위 규정에 따라 매각할 수 있다. 1.2 잔존물이 발생하였을 때 잔존물 처리기준에 따라 평가할 수 있다. 1.3 잔존물 매각여부 검토 시 상법규정에 따라 법규를 적용할 수 있다.
	구상채권 확정하기	2.1 보험계약 적용 시 당해 보험계약에 따라 계약을 분석할 수 있다. 2.2 관련법규를 검토하라고 할 때 민사소송법에 따라 구상권 행사 여부를 결정할 수 있다. 2.3 불법행위 규정에 따라 청구 범위를 확정할 수 있다.
	구상채권 행사하기	3.1 소송절차에 대비하라고 요구받았을 때 소송절차법에 따라 사전에 구상전략을 기획할 수 있다. 3.2 소송실익을 검토하라고 지시받았을 때 소송대응전략에 따라 소송전략을 수립할 수 있다. 3.3 채권확보를 요구받았을 때 보전절차 실무에 따라 채권확보 조치를 취할 수 있다.
관련 지식	- 잔존물 매각 - 잔존목적물 이해 - 잔존물 매각 방법 - 경·공매법률 - 보험계약 - 보상약관 - 불법행위 - 민법(민법총칙, 불법행위, 채권법) - 민사소송법 - 회계지식 - 강제집행 절차	
평가 시설· 장비	- 컴퓨터 - 인터넷 - 관련 서적	

능력단위	재보험		능력단위 수준	7
분류번호	0302030107_14v1			
능력단위 정의	위험분산을 위하여 재보험 계약내용 확인, 손해사고 통지, 재보험금을 회수하는 능력이다.			
평가 방법	지필평가 : 복합형		시 간	30분
	실무평가 : 해당 없음		시 간	

평가 내용	능력단위 요소 (세부 항목)	수 행 준 거 (세세 항목)
	재보험 계약내용 확인하기	1.1 재보험 계약내용에 따라 다양한 형태의 재보험 유형을 체계적으로 파악할 수 있다. 1.2 재보험 계약내용에 따라 회수 가능한 재보험금을 산출할 수 있다. 1.3 재보험 계약내용에 따라 재보험 회수 업무절차를 수립할 수 있다.
	손해사고 통지하기	2.1 손해사고 발생 시 내용을 요약하고 정리하여 손해사고 발생 보고서(영문)를 작성할 수 있다. 2.2 진행사고 보고 시 그 내용과 추정손해액을 요약하여 보고서(영문)를 작성할 수 있다. 2.3 재보험자의 문의 시 재보험자에게 영문서한을 작성할 수 있다.
	재보험금 회수하기	3.1 보험금 지급 시 보험금 지급사항을 최종적으로 정리하여 보고서(영문)를 작성할 수 있다. 3.2 재보험금 분쟁 발생 시 관련 내용에 대한 영문서한을 작성할 수 있다. 3.3 재보험금의 청산 프로세스에 따라 미 청산 건을 파악할 수 있다.

관련 지식	- 재보험 계약 - 재보험이해 - 재보험 약관 - 영문 비즈니스 문서 작성 - 재보험 시장 - 재보험 회계 - 준거법
평가 시설·장비	- 컴퓨터 - 계산기

능력단위	소송처리	능력단위 수준	7
분류번호	0302030109_14v1		
능력단위 정의	보험분쟁 해결을 위하여 소송실익 검토, 소송진행 관리, 소송 사후를 관리하는 능력이다.		
평가 방법	지필평가 : 복합형	시 간	6분
	실무평가 :	시 간	

평가 내용	능력단위 요소 (세부항목)	수 행 준 거 (세세항목)
	소송실익 검토하기	1.1 소송이 제기되었을 때 민사소송법에 따라 소송에 대응할 수 있다. 1.2 소송이 제기되었을 때 소송수행 지침에 따라 전략을 세울 수 있다. 1.3 소송실익을 검토할 때 기존판례를 참고하여 소송실익을 결정할 수 있다.
	소송 진행 관리하기	2.1 소송이 예상될 때 민사소송법에 따라 절차를 계획수립 할 수 있다. 2.2 채권파악을 요청받았을 때 채권법에 따라 채권존부를 분석할 수 있다. 2.3 조정을 요구받았을 때 민사조정규칙에 따라 조정대책을 수립할 수 있다.
	소송사후 관리하기	3.1 승소했을 때 민사소송법에 따라 소송사후 관리절차를 수립할 수 있다. 3.2 소송사후 관리를 지시받았을 때 사내소송지침에 따라 손익을 판단할 수 있다. 3.3 판례적용을 요구받았을 때 기존 판례를 통하여 해당 판례의 적용여부를 결정할 수 있다.
관련 지식	- 민사소송법 지식 - 판례 - 절차법 - 채권법 - 민사조정 규칙 - 회계지식	
평가 시설· 장비	- 컴퓨터 - 계산기	

Ⅰ. 자격개요

1. 자격 정의

대 분 류	03. 금융·보험	중 분 류	02. 보험	소 분 류	03. 손해사정
자격종목명		보험사고 조사인		분류번호	03020303
자격종목정의		공정하고 투명한 손해액산정과 보험금지급을 위하여 재산과 물건 손해에 대한 보험관련 법규와 약관을 근거로 전문적인 능력과 지식을 활용하여 보험사고의 조사·평가·조정하는 능력이다.			

Ⅱ. 능력단위별 출제기준(시안)

능력 단위 분류번호		계약내용 확인 0302030102_14v1		능력단위 수준	6
능력단위 정의		보험사고의 보상여부를 확인하기 위하여 계약사항 확인, 보험약관 확인, 관련법규를 확인하는 능력이다.			
평가방법		지필평가 : 복합형		시 간	120분
		실무평가 :		시 간	
	능력단위 요소 (세부 항목)	수 행 준 거 (세세 항목)			
평가 내용	계약사항 확인하기	1.1 각 종목별 보험 증권의 계약내용을 파악할 수 있다. 1.2 각 종목별 보험 증권의 계약내용이 사고와 관련성이 있는지를 확인하고 보고서를 작성할 수 있다. 1.3 보험증권상에 규정되어 있는 기간 내에 보험 계약자에게 보험접수 여부를 통지할 수 있다.			
	보험약관 확인하기	2.1 보험증권의 보험조건에 따라 해당약관을 확인할 수 있다. 2.2 보험증권상의 약관에 따라 보험적용여부를 결정할 수 있다. 2.3 보험약관의 면책, 책임 제한 규정을 파악하고 관련 보고서를 작성할 수 있다.			
	보험종목별 관련법규 확인하기	3.1 보험종목별 관련 법규를 찾아내 적용할 수 있다. 3.2 보험종목별 관련법규를 근거로 보험금 지급 가부에 대한 보고서를 작성할 수 있다. 3.3 관련법규에 따른 보험금 지급범위를 결정하여 보고할 수 있다.			
관련 지식		- 보험계약 - 보험상품 - 약관내용(보통, 특별) - 보상계약법			

	- 보험종목별 약관
	- 보험업법
	- 보험계약법
	- 보험종목별 관련법규
평가 시설·장비	- 컴퓨터
	- 인터넷
	- 서적

능력단위	사고접수	능력단위 수준	4
분류번호	0302030101_14v1		
능력단위 정의	보험사고의 손해사정을 위해서 사고내용 접수, 보상진행 안내, 초동조치를 안내하는 능력이다.			

평가 방법	지필평가 : 단답형	시 간	100분
	실무평가 : 해당 없음	시 간	

평가 내용	능력단위 요소 (세부 항목)	수 행 준 거 (세세 항목)
	사고내용 접수하기	1.1 고객 응대 시 고객의견을 경청하고 공감해 전화 상담을 친절하게 응대할 수 있다. 1.2 사고접수 시 보험 상품별 보험약관 지급기준에 따라 보험사고 종류, 지급내용에 대해 분류할 수 있다. 1.3 보험사고 업무처리 기준에 따라 필요한 보험금 청구서류를 안내하고 접수할 수 있다.
	보상진행 안내하기	2.1 정해진 업무처리 기한 내에 통보대상 고객을 분류할 수 있다. 2.2 사고대상 해당 보험 종목별 보상 절차를 설명 할 수 있다. 2.3 업무처리 기준에 따라 수익자에게 보상진행내용을 친절히 안내 할 수 있다.
	초동조치 안내하기	3.1 현장 상황에 따라 정확한 초동조치 사항을 안내할 수 있다. 3.2 손해 유형에 따라 보험 목적물의 현장 보존방법을 안내할 수 있다. 3.3 제3자 불법행위에 의한 사고일 경우 구상 정보를 협조 요청 할 수 있다.

관련 지식	- 고객응대 지식 - 보험종목별 초동조치 지식 - 보험종목별 손해사정 절차 - 리스크 지식 - 보험종목별 목적물 지식 - 보험종목별 손익 지식 - 화재·특종에 대한 지식 - 배상책임에 대한 지식 - 해상·항공보험에 대한 지식 - 손해유형별 조사기법 지식

평가 시설· 장비	- 노트북 - 카메라 - 방독면 - 방진마스크 - 방진복 - 안전화, 안전모, 장화, 장갑, 보안경

	- 운전면허
	- 측량 및 계측장비(줄자, 저울)

능력 단위	현장조사	능력단위 수준	5
분류번호	0302030103_14v1		
능력단위 정의	보험사고의 원인과 손해범위를 확인하기 위하여 사고관련자 면담, 사고현장 조사, 손해를 조사하는 능력이다.		
평가 방법	지필평가 : 복합형	시 간	30분
	실무평가 : 작품제작, 도면제작, 포트폴리오, 수행평가, 시뮬레이션에서 선택	시 간	-

	능력단위 요소 (세부 항목)	수 행 준 거 (세세 항목)
평가 내용	사고관련자 면담하기	1.1 보험계약자와 상담할 때 고객의 의견을 경청하고 친절하게 응대할 수 있다. 1.2 사고관련자와 면담할 때 육하원칙에 의거한 사고경위서를 징구할 수 있다. 1.3 보험업법 규정에 따라 손해사정 선임에 대한 안내장을 징구할 수 있다.
	사고현장 조사하기	2.1 신속한 피해조사를 통하여 현장 도면을 작성할 수 있다. 2.2 보험종목별 목적물 특성에 맞는 전문적인 지식을 활용한 조사를 수행할 수 있다. 2.3 전문지식을 활용하여 사고 현장에 대한 객관적인 사고원인에 대해 조사할 수 있다.
	손해조사하기	3.1 보험종목별 특성에 따라 목적물의 손해상태를 상세하게 파악할 수 있다. 3.2 손해유형별 조사기법에 따라 상세하고 객관적인 손해명세서를 작성할 수 있다. 3.3 손해정도에 대한 이견발생시 합리적인 대안을 제시할 수 있다.
관련 지식	- 고객응대 지식 - 보험종목별 초동조치 지식 - 보험종목별 손해사정 절차 - 리스크 지식 - 보험종목별 목적물 지식 - 보험종목별 손익 지식 - 화재·특종에 대한 지식 - 배상책임에 대한 지식 - 해상·항공보험에 대한 지식 - 손해유형별 조사기법 지식	
평가 시설· 장비	- 노트북 - 카메라 - 방독면 - 방진마스크 - 방진복 - 안전화, 안전모, 장화, 장갑, 보안경	

	- 운전면허
	- 측량 및 계측장비(줄자, 저울)

능력단위	손해액 산정	능력단위 수준	6
분류번호	0302030104_14v1		
능력단위 정의	합리적 보험금 사정을 위하여 보험의 목적 확인, 손해액 산정, 보험가액을 평가하는 능력이다.		
평가 방법	지필평가 : 복합형	시 간	30분
	실무평가 :	시 간	-

	능력단위 요소 (세부항목)	수 행 준 거 (세세항목)
평가 내용	보험의 목적 확인하기	1.1 사고접수서류와 비교하여 보험증권 상에 부보된 보험목적물과 동일한 것인지 확인할 수 있다. 1.2 보험목적물의 원래의 용도를 확인하고 다른대체 물품이 있는지를 시장조사를 통하여 확인할 수 있다. 1.3 보험가입시의 보험목적물 관련 자료와 시장환경을 조사하여 위험의 변동을 확인할 수 있다.
	손해액 산정하기	2.1 현장조사보고서를 토대로 보험증권 상의 조건에 따라 손해액과 손해범위를 확인할 수 있다. 2.2 현장조사보고서를 충분히 이해하여 보고서의 오류와 부족한 점을 보완, 수정할 수 있다. 2.3 보험당사자와 충분한 소통을 통하여 공정한 손해산정을 할 수 있다.
	보험가액 평가하기	3.1 시장정보조사를 통해 합리적인 보험가액을 산정할 수 있다. 3.2 보험목적물의 특성에 따라 보험종목별 보험가액평가를 할 수 있다. 3.3 객관적 자료에 근거한 논리적 분석을 통해 시장가격과 보험가액의 차이에 의한 분쟁을 합리적으로 해결할 수 있다.
관련 지식	- 화재·특종 - 배상책임 - 해상·항공보험 - 보험가액 - 평가기준 - 회계지식 - 원상복구 방법 - 시장가액 평가 - 손해액 평가방법 - 종목별 목적물 - 배상책임 법률 - 보험목적물 관련시설	
평가 시설· 장비	- 컴퓨터 - 스프레드시트 - 데이터베이스 - CAD프로그램 - 계산기	

CHAPTER IV

부 록

Ⅰ. 손해사정분야 산업현장 검증

1 검증 사업체 현황(가나다순)

☐ 세분류명 : 재물손해사정

번호	사 업 체 명	부 서	성 명
1	Guy Carpenter Korea	전무이사	이**
2	LIG손보	과장	이**
3	LIG손보	차장	김**
4	LIG손해보험	과장	김**
5	LIG손해보험	대리	이**
6	MG손해보험	사원	정**
7	NH농협손해보험	계장	김**
8	건설공제조합	과장	류**
9	농협손해보험	계장(사원)	이**
10	농협손해보험	팀장	정**
11	다스카손해사정	전무	이**
12	다스카손해사정	전무	정**
13	다스카손해사정	상무	박**
14	다스카손해사정	부장	권**
15	다스카손해사정	이사(임원)	김**
16	더케이손해보험	주임	장**
17	동부화재	차장	조**
18	메리츠화재	과장	이**
19	세종손해사정	과장	구**
20	솔로몬화재특종손해사정	대리	이**

21	스마트화재특종자동차손해사정	대표손해사정사	박**
22	에스손해사정	대표이사	박**
23	탑손해사정	과장	유**
24	푸르덴셜생명	재무계리팀	황**
25	한국손해사정사회	전 사무총장	김**
26	한리해상손해사정	차장	조**
27	한리해상손해사정	부장	신**
28	한일손해사정	대표이사	조**
29	한화손해보험	파트장	박**
30	한화손해보험	매니저	김**

2 검증 결과

구 분	세 부 내 용	업체수	평균 점수	평가 결과
1. 직무구조	1.1 능력단위 구성	30	4.2	적절
2. 직무 및 능력단위	2.1 직무정의	30	4.1	적절
	2.2 능력단위 정의	30	4.0	적절
	2.3 능력단위 크기	30	4.0	적절
	2.4 능력단위 수준	30	3.6	적절
3. 능력단위요소	3.1 능력단위요소	30	3.9	적절
	3.2 능력단위요소 수준	30	3.8	적절
	3.3 수행준거	30	4.0	적절
	3.4 지식	30	3.8	적절
	3.5 기술	30	3.7	적절
	3.6 태도	30	3.8	적절
4. 직업기초능력	4.1 직업기초능력	30	4.2	적절
5. 적용범위 및 작업상황	5.1 고려사항	30	4.1	적절
	5.2 관련서류	30	3.9	적절
	5.3 장비·도구	30	3.8	적절
6. 평가지침	6.1 평가방법	30	3.9	적절
	6.2 평가시 고려사항	30	3.9	적절
7. 관련자격 개선 의견	7.1 자격현황	30	3.7	적절
	7.2 자격 개선의견	30	3.4	적절
8. 평생경력개발경로	8.1 직책설정	30	3.8	적절
	8.2 경력이동	30	3.7	적절
	8.3 직무기술서	30	3.7	적절

Ⅱ. 손해사정 표준 개발 참여 전문가 명단

☐ 세분류명 : 재물손해사정

구 분		소 속	직 위	성 명
개발 전문가	산업현장	탑화재특종손해사정	부장	강태화
		LIG손해보험	과장	전학수
		한리해상손해사정	공동대표	김대래
		삼성화재	수석	김지선
		새한손해사정	과장	이광호
		다스카손해사정	전무	한창제
		LIG손해보험	차장	성태용
	교육 훈련	신한대학교	교수	곽영암
		한국해양대학교	부교수	지상규
		강남대학교	부교수	유주선
	자격	한국표준협회	연구위원	김용환
WG심의위원		두원공과대학	교수	박재화
		두원공과대학	교수	김남덕
		현대하이카손해보험㈜	부장	이영호
		㈜ 기술법인 단평	대표	성창원
		미래에셋 생명	FC	이현숙
		목포대학교	교수	이재복
		두원공과대학	교수	오재건
		보험개발원	연구위원	정연선
		한국생산성본부	팀장	김경안
검토위원		LIG손해보험	과장	신동일
		초당대학교	교수	오기석
개발용역 수행기관		보험연수원	총괄책임자	양두석
		보험연수원	실무책임자	배병한
		보험연수원	책임연구원	김현웅
한국산업인력공단		표준개발실	실장	김록환
		표준개발1팀	팀장	김병천
		표준개발1팀	선임연구원	김동자

※ **WG(Working Group)** : 협업형 개발체계를 구축하여 모든 직종을 대상으로 NCS를 개발하기 위하여 관련 전문기관, 부처별 추천 전문가, 교육훈련전문가, 자격전문가로 구성된 국가직무능력표준 분야별 개발 인력풀
※ **WG(Working Group)심의위원회** : WG인력풀 중 산업현장, 교육·훈련, 자격전문가로 구성되며, NCS개발과 관련한 주요결정 심의, 표준안 사전심의 등 개발과정 전반에 걸친 질 관리를 담당하는 위원회